本书受云南省一流学科建设经费资助

上善若水

中国西南少数民族水文化生态人类学研究

黄龙光 著

创于1897　商务印书馆
The Commercial Press

2017年·北京

图书在版编目(CIP)数据

上善若水:中国西南少数民族水文化生态人类学研究/黄龙光著.—北京:商务印书馆,2017

ISBN 978-7-100-15405-5

Ⅰ.①上… Ⅱ.①黄… Ⅲ.①少数民族—民族文化—生态人类学—研究—西南地区 Ⅳ.①K280.7

中国版本图书馆 CIP 数据核字(2017)第 243548 号

上善若水:
中国西南少数民族水文化生态人类学研究

黄龙光 著

商 务 印 书 馆 出 版
(北京王府井大街 36 号 邮政编码 100710)
商 务 印 书 馆 发 行
北京顶佳世纪印刷有限公司印刷
ISBN 978-7-100-15405-5

2017 年 11 月第 1 版 开本 880×1230 1/32
2017 年 11 月北京第 1 次印刷 印张 8⅝
定价:32.00 元

目 录

绪　论

　　"水生万物"，水是世界万物的源头，更是人类自身生存、发展不可或缺的重要自然资源。人类社会缘水而生的涉水的物质和精神创造的总和，世世代代积累从而形成水文化。"水往低处流"，水天生的流动性，使水渗透到人类社会生产、生活的方方面面。水文化随水而流，亦全面参与人类社会日常生产、生活的方方面面。水这种天然的地域性和流动性，使分享某一共同水域的族群自然形成一个水生态共同体，他们之间自古因水而结，涉水而交。在一定流域范围内，用水、治水与护水等一系列水事活动，无论对某个单一族群还是族际社群来说，从来都不是一件轻松而简单的事，它必须依靠群体的力量来共同应对，因此水文化及其实践，显然具有一种公共性与公益性。作为一种源生文化，水文化不仅是民族文化的重要组成部分，更是民族文化系统正常运行的重要润滑剂。基于水文化的这种公共性与公益性，它能在短时间内有效地动员和集合人类社群的整体力量，使社会成员之间通过治水过程中紧密高效的分工协作，不仅直接使治水目的得以实现，而且也使人类社会自身"因水而治"，有效地维系了人类社会的可持续发展。从这个意义来说，我们认为，水是观察人类社群结构及其自我运行的一个极佳视角，水文化是观察民族文化系统自我运行的一个极佳观测点。

一、对目前水文化研究的学术综述

纵观目前水文化研究的总体情况，主要呈现出以下几个特点：

（一）水政的宏大历史研究居多

从研究个案和地区材料来看，研究古代水文化及其汉人社会的居多。这些研究主要采用历史学、社会学与人类学等相关学科视野，分析历史上的水与地域社会历史、权力之间的长时段互动，试图从"水化历史"的过程中总结地方与国家历史的互动，以及国家宏大历史叙事的发展规律。卡尔·魏特夫的《东方专制主义》提出，东方大规模的农业灌溉导致专制主义的"治水社会说"的观点。① 格尔茨对此提出异议，以对同样处于东方从事稻作的塔巴南"水利会社"的深入分析，指出灌溉组织不是大型工程和大批苦役劳力的高度集权化机构，不属于"亚细亚暴君"统治的政治结构。其相关大型活动只不过是表演的"剧场国家"。② 靳怀堾的《中华文化与水》，从远古洪水神话、古代治水等方面总结了中华文化与水之间的长期互动。③《中华水文化概论》设定了中华水文化整体形态与内涵的文化大观式基本框架。④ 王铭铭《"水利社会"的类型》一文，在反思"治水社会论"的基础上，提出转向"水利社会论"，指出中国地域水

① 参见〔美〕卡尔·A.魏特夫：《东方专制主义：对于极权力量的比较研究》，徐式谷等译，北京：中国社会科学出版社，1998。
② 〔美〕克利福德·格尔茨：《尼加拉：十九世纪巴厘剧场国家》，赵丙祥译，上海：上海人民出版社，1999：89。
③ 参见靳怀堾：《中华文化与水》，武汉：长江出版社，2005。
④ 参见中国水利文学艺术协会：《中华水文化概论》，郑州：黄河水利出版社，2008。

利社会类型多样性的事实，以此透视中国社会结构的特质。[①] 董晓萍《节水水利民俗》一文，调查分析了华北四社五村缺水社会发达的水文化系统，并总结了其独有的历史和现代价值。[②] 张亚辉《灌溉制度与礼治精神——晋水灌溉制度的历史人类学考察》一文，考察了延续数百年的晋水灌溉制度由乡土社会的礼治精神所支撑，而灌溉制度的水利动态发展则指向背后的礼治秩序。[③] 彭兆荣《水传统与中国文化遗产的生命表达》一文，从人类学对水文化的研究、水文化遗产的生成及其智慧表达，反思传统政治地理学对作为一个整体的、流动的水的区划之积弊，从而由水上升到对中国文化遗产整体的价值认定。[④] 张盛文《生态文明视野下的水文化研究》，将水文化置于生态文明的视野下，对整体的水文化相关内涵进行了一种静态的阐释。[⑤] 水是万物之源，水文化历史悠久，内涵丰富，对水的历史、政治、哲学（美学）、水技术的研究一直都是学术研究的重点，但以往的研究往往侧重于上述几方面中的一方面，较少将水文化作为一个自然—文化整体进行全面剖析。同时，水文化是一种流动的自然资源以及共享的文化，政治地理的区隔、民族属性的划分等，造成了对水文化的流域共同体及其生成的内部共享机制的一种忽略和忽视。

① 王铭铭：《 "水利社会" 的类型》，《读书》，2004（11）。
② 董晓萍：《节水水利民俗》，《北京师范大学学报》（社会科学版），2003（5）。
③ 张亚辉：《灌溉制度与礼治精神——晋水灌溉制度的历史人类学考察》，《社会学研究》，2010（4）。
④ 彭兆荣：《水传统与中国文化遗产的生命表达》，《百色学院学报》，2014（4）。
⑤ 参见张盛文：《生态文明视野下的水文化研究》，厦门：厦门大学出版社，2012。

（二）生态共同体整体研究缺失

水文化的生态共同体属性包含两层含义，即可资利用的水资源及其流域内的人类社会之间构成一个生态共同体关系，所有共同分享相同水源的人类族群之间构成一个生态共同体关系。纵观目前的水文化研究，以某个共同水域、流域为单位进行水文化整体研究的较少，以某个民族为身份属性进行水文化单一研究的居多。白玉宝《红河水系田野考察实录》[1]，以红河水系中元江流域、藤条江流域、李仙江流域为空间流向，对流域内哈尼、瑶、苗、彝族等少数民族文化进行了考察。可惜虽以红河水系走向为线索，但却不唯以其水文化为研究对象。郑晓云《红河流域少数民族的水文化与农业文明》[2]一文，对红河流域各民族环境、人居、梯田生存系统进行了整体考察，并给出了关于未来水资源利用与水环境保护的一些思考。类似地，其《云南少数民族的水文化与当代水环境保护》一文[3]，以云南省为地域空间，从当代水环境保护的角度，强调了少数民族水文化的生态价值。李福军《白族水崇拜与农耕文化》[4]一文，通过分析白族水崇拜与农耕文化之间的关系，指出白族发达的农耕文化得益于白族传统水崇拜的观点。艾菊红《水之意蕴——傣族水文化研究》[5]，在对稻作的傣族水文化本体进行全面描写的基础上，对傣族水文化的

---

[1] 参见白玉宝：《红河水系田野考察实录》，昆明：云南民族出版社，1999。

[2] 郑晓云：《红河流域少数民族的水文化与农业文明》，《云南社会科学》，2004（6）。

[3] 郑晓云：《云南少数民族的水文化与当代水环境保护》，《云南社会科学》，2006（6）。

[4] 李福军：《白族水崇拜与农耕文化》，《云南师范大学学报》（哲学社会科学版），2004（4）。

[5] 参见艾菊红：《水之意蕴——傣族水文化研究》，北京：中国社会科学出版社，2010。

当代变迁表达出一种深深的生态忧思。丘振声《壮族水文化发微》[1]一文，以"生命之源""水为圣物""水中有神"等几个部分，总结了壮族水文化本体。廖明君《壮族水崇拜与生殖崇拜》[2]一文，聚焦壮族水崇拜研究，并指出壮族水文化之水生殖崇拜的文化指向。付广华《壮族传统水文化与当代生态文明建设》[3]一文，总结了壮族传统水文化的当代生态文明建设价值。张实《云南迪庆藏族水文化》[4]一文，是藏族水文化的地域性研究，不仅凸显了藏族水文化的特殊性，而且隐含了藏族水文化内部可能存在的地区性差异。杨六金等的《哈尼族沟渠文化研究——以红河哀牢山区座洛村为例》[5]一文，属于座洛村哈尼族沟渠文化个案研究。黄龙光等的《绿春哈尼族"阿倮欧滨"祭祀的生态实践——兼谈哈尼族传统文化对生物多样性的保护》[6]一文，深入调查了绿春哈尼族村寨大型联合祭祀"阿倮欧滨"水源地的生态实践。吴丽娟等的《西南大旱背景下我国典型民族地区水资源管理模式研究——以哈尼族梯田为例》[7]，以哈尼梯田水资源管理实践经验为例，来思考和回答西南大旱灾害背景下水资源管理模式

① 丘振声：《壮族水文化发微》，《民族艺术》，1998（4）。
② 廖明君：《壮族水崇拜与生殖崇拜》，《民族文学研究》，2001（1）。
③ 付广华：《壮族传统水文化与当代生态文明建设》，《广西民族研究》，2010（3）。
④ 张实：《云南迪庆藏族水文化》，《云南师范大学学报》（哲学社会科学版），2011（3）。
⑤ 杨六金、王亚军：《哈尼族沟渠文化研究——以红河哀牢山区座洛村为例》，《云南社会科学》，2011（6）。
⑥ 黄龙光、白永芳、玉波：《绿春哈尼族"阿倮欧滨"祭祀的生态实践——兼谈哈尼族传统文化对生物多样性的保护》，《云南师范大学学报》（哲学社会科学版），2011（5）。
⑦ 参见吴丽娟、刘大志、李晨光：《西南大旱背景下我国典型民族地区水资源管理模式研究——以哈尼族梯田为例》，北京：民族出版社，2014。

构想。蔡富莲《彝族的水崇拜》[①]一文，主要考察彝族水崇拜及其仪式实践。黄龙光《试论彝族水文化及其内涵》[②]一文，对作为氐羌系的彝族的水文化及其内涵进行了较为详尽的全面总结。以上这些研究成果，往往以某一民族为单位进行学术观察，其研究成果也因此冠以某民族的族属标签，这固然在田野观察和学术研究上显得简单便捷，但往往是一种先入为主的静态化理想的分析模式，缺乏一种以文化生态共同体视角的整体研究，特别缺乏将基于生态集体主义的共同水域作为核心聚焦的族际跨地域整体研究。

（三）传承与保护应用研究缺失

纵观目前少数民族水文化研究现状，一方面基本上对水文化内涵的静态梳理和水文化生态的价值高扬类研究居多，随着作为水文化发展语境的社会的急剧变迁，一部分学者也关注到了水文化的变迁与变迁中的水文化的问题，将研究的视角从传统延伸到现代进行一种历时描写与动态分析。郭家骥《西双版纳傣族的水文化：传统与变迁——景洪市勐罕镇曼远村案例研究》[③]一文，从曼远傣村个案研究谈西双版纳傣族水文化的传统与变迁，强调在水环境恶化的当代背景下傣族水文化的启示意义。郑晓云等的《人水关系变迁与可持续发展——云南大盈江畔一个傣族村的人类学考察》[④]一文，是对

---

① 蔡富莲：《彝族的水崇拜》，《贵州民族研究》，1997（2）。
② 黄龙光：《试论彝族水文化及其内涵》，《贵州工程应用技术学院学报》，2016（4）。
③ 郭家骥：《西双版纳傣族的水文化：传统与变迁——景洪市勐罕镇曼远村案例研究》，《民族研究》，2006（2）。
④ 郑晓云、皮泓漪：《人水关系变迁与可持续发展——云南大盈江畔一个傣族村的人类学考察》，《中南民族大学学报》（人文社会科学版），2012（4）。

云南大盈江畔项棒傣寨水文化变迁的个案研究，指出该村人水关系处于一种非良性状态，呼吁人水关系的良性建构以及水文化的重建。另一方面，在动态考察传统水文化发展现状的基础上，关于如何对其进行现代性转换的思考和对策，是当前水文化研究的薄弱环节。郑晓云《水文化的理论与前景》[①]一文，全面总结了水文化的结构、属性以及水文化研究的前景，同时提出了包括水（文化）教育体系在内的水文化的主要内涵。郑大俊的《水文化研究与水文化教育须双轮驱动》[②]一文，及郑大俊等的《水文化：现代水利高等教育的重要内容》[③]一文，强调了水文化教育的重要性，并就水文化教育如何融入现代水利高等教育提出思路。黄龙光、杨晖的《社会变迁视域下云南少数民族传统水文化的变迁》[④]一文，总结了云南少数民族传统水文化在水环境、水信仰、水技术与水制度上的变迁，呼吁应对极富生态价值的云南少数民族水文化内涵及其实践进行教育与传承。将历史属性与当代社会变迁语境结合起来审视传统水文化，在当代生态文明建设背景下，思考如何传承、转换与重构民族优秀水文化，是当前水文化研究亟待突破的方向。因此，"人水和谐""敬水惜水"为核心的传统水文化生态观的传承与教育，以及水文化遗产保护等，是转换、重构中华传统水文化的重要内容。

---

① 郑晓云：《水文化的理论与前景》，《思想战线》，2013（4）。
② 郑大俊：《水文化研究与水文化教育须双轮驱动》，《河海大学学报》（哲学社会科学版），2007（4）。
③ 郑大俊、刘兴平、孔祥冬等：《水文化：现代水利高等教育的重要内容》，《河海大学学报》（哲学社会科学版），2010（1）。
④ 黄龙光、杨晖：《社会变迁视域下云南少数民族传统水文化的变迁》，《学术探索》，2016（5）。

二、西南少数民族水文化研究意义

（一）丰富中华水文化总体研究

中华民族是一个多民族融合的历史文化共同体，黄河、长江自古孕育了悠久灿烂的中国文明，各民族在漫漫历史长河中共同创造发展了中华文化。中华水文化是中华文化体系中的源文化，具有举足轻重的地位。中华水文化是中华各民族数千年以来，在一系列适应自然的水事活动中，共同创造和传承的以水为载体的物质、精神与社会成果的总和。老子《道德经》有言："上善若水，水善利万物而不争，处众人之所恶，故几于道。"①中华水文化包含物质层面、精神层面和社会层面的内涵。具体而言，治水的堵与疏、都江堰、坎儿井、梯田灌溉、刻木分水等一系列相关的理性的治（用）水技术，水哲学、水信仰、水审美等以水为媒介的精神积淀，以及"因水而治"的水禁忌、水法、水规、水会等社会性管理手段和内容，都是中华水文化悠久而博大的内涵。中华民族作为一个文化共同体，中华水文化的外延，既包括中原地区的水文化，也包括边疆地区的水文化，既包括汉族的水文化，也包括少数民族的水文化。

西南横断山脉地区是长江、黄河的水源地。一方面西南地区不仅是生态脆弱区和生态敏感区，更是长江中下游地区的生态屏障，具有极其重要的国家生态战略地位。多民族聚居区西藏、云、贵、川、桂、渝6省区市西南少数民族地区富含极具生态价值的水文化，包括水神话在内的神秘的水信仰，独具匠心的水技术，以及行之有效的水制度。但另一方面，由于历史上的种种原因，今天西南少数

---

① 陈鼓应：《老子今注今译》，北京：商务印书馆，2015：102。

民族地区社会、经济发展依然相对欠发达，在工业化裹挟着商业化、城镇化的一系列现代性冲击下，包含水文化在内的西南少数民族传统文化面临急剧变迁，西南少数民族地区正在经历急速的社会转型，水生态环境遭到不同程度的破坏。因此，一方面西南少数民族地区拥有丰富的水文化资源，一方面却因社会转型带来文化变迁而未能得到很好的传承发展，在 2009 年以来百年不遇的特大干旱[①]等相关水灾害面前，体现出一定程度的生态脆弱性，如此生态悖论，值得学术界认真思考。作为中华水文化的重要组成部分，西南少数民族水文化亟须全面而深入的整体研究，特别是对西南少数民族那些极具生态内蕴的水文化进行调查整理，不仅可以极大地丰富中华水文化资料总库，而且对水文化学科建设也具有重要的意义。

（二）拓展人类学生态研究的领域视角

"生态人类学是一门研究人口流动、社会组织和人群文化形貌与他们所居住的环境之间关系的学科。它进行各种比较性研究，也有从共时性和历时性角度分析特殊人群的取向。"[②]尹绍亭教授将当代学术视野下的生态观分为科学生态观、历史生态观、宗教哲学生态观与民族（传统知识）生态观四个类型，特别强调了民族生态观的学术价值和应用价值，认为它是生态人类学、民族生态学等学科的研究方向。[③]水是生态学视野下人—地关系长期互动的润滑剂，长

---

① 吴玉成：《西南五省区特大干旱带来的反思》，http://finance.ifeng.com/opinion/mssd/20100806/2485962.shtml，2010-8-6。

② Benjamin s. Orlove: Ecological anthropology, *Annual Review of Anthropology*, 1980（9）.

③ 尹绍亭：《人类学的生态文明观》，《中南民族大学学报》（人文社会科学版），2013（2）。

时段的人—地关系反复循环互动形塑了富含生态内蕴的水文化。西南少数民族水文化，是其本土知识体系中的源生文化，是西南少数民族长时段人—水关系反复循环互动的生态结果。西南少数民族水概念、水信仰、水技术、水管理、水教育等一系列观念、知识、组织与技术，均是西南少数民族本土性知识中最重要的内容。西南各少数民族群体自古以来通过水的流动开展相应的水文化实践，自我有效地组织起各自的社会结构并使之持续运行，因此，水文化的价值事实上远远超过其观念、技术和管理本身，其价值更在于通过水事活动而实施的文化实践层面上一种地域或族群的经济的、政治的、社会的价值。"事实上，从人类一出现，就与生态环境发生密切的关系，人们为了生存就必须认识到周围的环境，从人类学的意义上讲，这就是最初的生态和环境认知。"[1]西南少数民族水文化是观察西南少数民族社会与环境互动关系最佳的生态视角，拥有天然属性的水，往往自然地与土地、大气、森林植被等融为自然整体，西南少数民族社会自身的生存与发展无时无刻都离不开水，而西南少数民族水文化正是链接以上人与自然双方的一套观念、技术和制度，因此，西南少数民族水文化研究是中国生态人类学可供拓展的一个新领域。

　　生态人类学的文化整体观，有助于突破目前少数民族水文化研究的碎片化困境。生态人类学的文化整体观，主要体现在文化系统的整体性和人与环境的生态整体性两方面。目前，西南少数民族水文化研究的碎片化主要体现在，一是多数研究往往侧重于对水的生态观念（价值）与社会制度的真空讨论，一是缺乏对少数民族与其

---

① 崔明昆：《民族生态学理论方法与个案研究》，北京：知识产权出版社，2014：55。

环境通过水文化展开的互动的深入考察。前者易将本来内在互为一个整体的少数民族水（神）崇拜、水规与水技术等内容进行一种切片式聚焦，不仅会导致此类研究沦为一种去语境化的静止讨论，也会导致因缺乏对水文化实践具体时空环境与主体间互动应有的关注而陷入一种理想化的研究。微观地看，西南各个少数民族的水文化自成一个相对独立的文化系统，但是作为一个地域水生态共同体，西南少数民族自古共享相同的水源而形成一个相对完整的水文化系统。因此，以人类学的文化整体观来全面考察西南少数民族水文化，以西南少数民族独特的水信仰、水技术与水制度等为着眼点，对西南少数民族与西南水环境之间的互动进行整体研究，总结西南少数民族水文化传承发展的规律，不仅能够推进少数民族水文化研究，而且也能拓展生态人类学研究的新领域。

（三）重建人—水和谐的可持续生态观

由于人口的不断增长、工业化的快速推进，以及城镇化和商业化如影随形无所不往，现代发展背景下人—水关系呈现出一定程度的失和状态，主要表现为我们正在面临的旱涝、水污染、水环境恶化等一系列水灾害的威胁。水灾害不仅使人类自身遭受严重的人身和财产损失，而且严重影响人类经济、社会的可持续发展。西南少数民族水文化蕴含独特的人—水和谐的可持续生态观，而且这样的可持续生态观，随着水的流动自然融入其日常社会生产当中，成为每一个民族成员日常生活的一部分。虽然今天西南少数民族也经历着同样的现代性转型，承受着比任何其他地区更严重的现代性发展所带来的一系列阵痛，但是西南少数民族地区仍然保留着极富生态价值的传统水文化及其实践。那些广袤浓密的神山、神林，清澈洁净的圣湖、龙潭，自古不仅由相关涉水神祇守护着，也通过一种生态集体主义之上全民信仰的宗教禁忌的方式进行着全民恪守。"大自然与没有信仰禁忌和秩序的人们是不可能和睦相处的。"①西南少数民族普遍存在的自然崇拜、图腾崇拜与祖先崇拜等民间信仰，以及儒、释、道等制度性宗教，一同构成西南少数民族地区生态维护的坚固盾牌。同时，西南少数民族自古适度开发、可持续利用的一系列相关用水观念与技术，值得今天工程性治水、用水的相关现代科技思考与借鉴。西南少数民族水文化的生态价值远远超越了西南地域和少数民族本身，对当今处于水生态危机的其他地区和民族具有重要的参考意义。

西南少数民族水文化的可持续生态观，散落在西南少数民族社会生产生活的点点滴滴之中，而作为一种观念以及意识形态，它随着一系列集体水事实践的展开自然地嵌入西南少数民族每一个个体成员的身心之中。因此，我们研究西南少数民族水文化生态观及其实践，首先要以西南少数民族为主体，深入调查其一系列水事活动，认真梳理其水文化生态观及其内涵。其次要调查总结西南少数民族水文化生态观是如何通过面对面的体性实践而实现代际教育与传承的。西南少数民族水文化的人文社会科学研究，虽然也必须重视对技术层面的水技术方法的考察，也思考这些独具匠心且颇富生态含量的技术和手段如何在今天实现创造性转换的问题，但是要实现人—水和谐可持续生态观的重建，首先需要研究在民族传统文化面临消失甚至出现濒危的今天，如何实现传统水文化生态观的教育与传承

---

① 尹绍亭：《人与森林》，昆明：云南教育出版社，2000：343。

的问题。因此，调查、总结西南少数民族水文化如何通过家庭教育、社会教育、现场传承，以及神圣禁忌与至上法规，并将神圣与世俗结合，实现生态观的熔铸和嵌入式教育与传承的规律，将其与现代的家庭、社会与学校教育对接，同时将那些合理的水法、水规等民间法规吸收，并与现代法结合，通过实现传统水文化生态观的有效教育与传承，重建人—水和谐的可持续生态观。

三、西南少数民族水文化研究的方法

（一）文献爬梳

水文化研究涉及哲学、历史学、民族学、社会学、人类学、生态学、旅游学与非物质文化遗产学等相关学科，是一个典型的跨学科研究领域。囿于真正的水文化学科仍未建立起来，当前的西南少数民族水文化研究，主要侧重于民族学、人类学及其田野调查的方法，但是研究成果的处理和书写倒未必全是以人类学民族志的形式来呈现。目前的很多研究，显得既缺乏足够（时间）的深入调查，也缺乏全面的文献资料搜集，因此也就未能做到基于个案的民族志深描式研究。人类学的田野调查比较依赖对现场共时材料的全面搜集、整理和分析，但是西南少数民族自古作为中国这个拥有数千年连续文明书写的历史大国的主体之一，对其历时发展过程的关注必然成为西南少数民族水文化研究的视角之一。同时，西南少数民族水文化是一个发展中的历史事物，我们今天看到的水文化是历经长期历时变迁发展而来的，放在未来长时段发展视野中也只是一个历史片段。因此，要探寻西南少数民族水文化发展的历史轨迹，分析其变迁发展的内在规律，必须尽可能远地追溯其历史原貌，并将其与当前社会历史背景下所呈现出来的形式和内涵结合起来历时比较，才有可能较为完整地还原西南少数民族水文化的全貌。因此，文献爬梳与田野调查成为西南少数民族水文化研究的"两条腿"，缺一不可。为了推进当前的西南少数民族水文化研究，我们强调重视文献爬梳这个基础性工作，全面占有、爬梳西南少数民族水文化的历史资料，只有首先做好了西南少数民族水文化史料学，才能来探讨水文化的相关问题。

当我们真正着手西南少数民族水文化研究时，可能会发现手头上并没有多少文献资料可供搜集参考，这不仅是因为历史上华夷文化价值观的不对等而导致主流的历史书写往往忽视，乃至无视边缘少数民族的历史文化。同时，居于边缘地位的少数民族自有一套相对独立的历史文化体系，作为一种小传统，这套相对独立的历史文化体系，同样由一套相对独立的语言、文字系统来呈现，并真实地散落在西南少数民族的日常生产、生活中。因此，西南少数民族水文化的文献资料类型，包括汉文文献和少数民族文献（有文字民族）。前者为历代官家、文人对西南少数民族历史文化的汉文客位转写，后者是少数民族自我历史文化的一种主位书写。前者虽然数量庞杂，但真正有关水文化的数量有限，后者因只有彝族、纳西族、藏族、蒙古族、傣族等民族拥有自己的文字，且至今翻译整理出来的也只是其卷帙浩繁民族文献中的冰山一角，真正涉及水文化的也可能数量有限。当然，数量有限并不意味着我们就可借此抛弃文献搜集这个基础性工作，在保证全面搜集足够数量文献资料的前提下，对西南少数民族水文化的文献爬梳是对历史文献资料的去伪存真，因为汉文客位转写存在一个主流文化观、历史观下对"四夷"的翻译原则和技术问题，而民文主位书写则存在一个自我修饰甚至美化的问题，都不符合历史实际发生的真实场景。同时，两者都存在一个民族文化数千年交融带来的文化关联性问题。所以，西南少数民族水文化研究的文献爬梳工作，要求我们要掌握一定的民汉双语文能力，拨开迷障，尽可能还原其历史文化的真实面貌。

（二）多点调查

因为与西南少数民族水文化相关的历史文献资料比较有限，这就要求我们必须通过共识层面的田野调查而获取所需研究资料。水在西南少数民族地区自古跨地域、跨族群而流动，对西南少数民族水文化进行田野调查，需要对某一个点（地域、族群、水事）进行密集观察，更需要跟随跨地域、跨族群的水进行一种面上的多点调查。基于某一个点的聚焦式调查，固然可以全面深挖有关这个点的自然环境、文化适应与社会组织等，但这样的分析单位是研究者一种先入为主的主观切分，不符合（水）自然生态的整体性客观事实，也不符合民族文化交流发展的连续性历史真实。因此，我们可以借鉴乔治·马库斯教授倡导的多点民族志方法，即"跨越单一地点的研究来分析文化意义、事物、身份等在不同时空的循环流动。要在地方社会中发现宏大体系的现实，这要求研究者把自己置于世界体系中，放弃固定的田野点，而跟随人、故事、隐喻或事物的流动，从一个地方到另一个地方"①，乔治·马库斯教授所倡导的多点民族志

---

① 涂炯：《多点民族志：全球化时代的人类学研究方法》，《中国社会科学报》，2015-12-2，06 版；参见〔美〕乔治·马库斯（George E. Marcus）：《十五年后的多点民族志研究》，满珂译，《西北民族研究》，2011（3）。

的思考，源于对当代全球化背景下人类学研究地方的传统田野调查方法有限性的一种深刻反思，旨在通过多点调查，展开对地方的一种超越地方、地方之上的全面研究。本书的目标比这个理想要小得多，即超越传统针对某一（更小）地域、族群水文化的那种静止的观察，跟随水的跨地域、跨族群的流动，展开一种动态的多点民族志参与，在中国地理、历史与文化的格局中，全面系统地呈现西南少数民族水文化的整体结构与面貌。

关于构建多点民族志的跟随调查方法，乔治·马库斯教授提出了人群的移动，实物的流通，标志、符号与隐喻的流通、情节、故事或寓言，特定个人或人群的生活史或传记，冲突等几种"跟随"。相应地，西南少数民族水文化的田野调查，要跟随水（治水、用水等水事）的流动、族群的流动、水叙事（神话、祭祀）以及可能的水务冲突等，展开一种与水（事）为核心关联的多点民族志研究。西南少数民族地区，诸如澜沧江、怒江、金沙江、红河等多族群共享的江河流域，诸如山地梯田（文化）等哈尼、彝、苗族等多族群共有的生计方式，诸如洪水神话等多族群普遍共有的远古水灾害叙事（母题），以及遍布各个族群的水神信仰及其祭祀仪式，乃至如彝族遍布整个西南地区这样的特殊民族，西南少数民族自古频繁的族际交往，以上这些文化要素在任何时代都不是孤立的、单一的存在，更不归某一个单一族群所独有独享。它们之间通过水的自然流动，在历史长河中不同程度地有着或隐或显的交织与联系。因此，西南少数民族水文化的多点民族志调查，意味着我们要比传统的一点或单点作业付出更多的精力和经费，意味着我们要"随波逐流"，做一个"跟随情境的研究者"，而不是传统意义上"静守情境的研究者"。

（三）文化比较

人类学多点民族志式调查研究既是一种研究方法与研究过程，也是一种呈现多元——一体文化整体性研究成果的方式。要呈现这种多元——一体整体文化的研究结果，通过多点民族志式调查获取足够的田野资料后，必须经过一个文化比较的分析阶段。广泛的跨文化比较研究可有效突破对某个单一文化狭窄聚焦的囿限，可在更大程度上延长和拓宽人类学者对人类行为认知的长度和广度。西南少数民族水文化至少包含两个前提，其一是西南这个特定的自然区域，其二是西南这个特定区域内的数十个少数民族群体。因此，多点民族志式田野调查搜集的材料是包含该特定区域内数十种少数民族水文化的综合资料。正是基于西南这个特定的可控自然区域，我们才有可能在一定程度上保证调查资料的数量和质量，也才有可能进行广义上的跨文化比较研究，而不是那种引入统计分析手段、基于全球规模进行狭义上的人类学跨文化比较研究，因为后者饱受研究资料数量与质量非可控性的诟病。因此，本书不将大数据统计分析作为一个必要的研究手段，我们也没有建立一个区域文化数据库的雄心壮志。我们只是尝试通过一种流动的多点民族志式的田野调查，尽可能多地搜集整理西南少数民族水文化的相关资料，对其进行一种跨文化比较分析，最后总结出超越单一（更小）地域、单一族群之上的西南少数民族水文化的整体面貌及其内在结构。

"我们对人类行为的研究自然不能仅以某一种文化的人为对象，而我们的目的也是要尽量发现人类行为的变异，因此，（跨）文化比较研究法无疑是人类行为方法中的一种重要方法。"[①] 相反，

---

① 李亦园：《文化比较研究法探究》，《思与言杂志》（台湾），1976（5）。

本书旨在通过对西南少数民族水文化的跨文化比较，更多的不是求异而是求同。对于西南少数民族水文化这种特定文化的表象及其实践，西南各少数民族自有一系列不同的认知、表述及其应对方式，它们在日常世界中因所处的具体地域、所信奉的宗教信仰，以及因民族特定历史而形成的思维方式，呈现出多样化的民俗相。描述和阐释这些浮在表面的少数民族水文化的差异面相，是目前在一定程度上显得碎片化的少数民族水文化研究早已实现了的目的。有关少数民族水文化异质性的单一研究或复合研究，均不免会陷入一种族性价值评判或族际生态力量的进一步分化。所以，我们需要拨开西南少数民族水文化这种异彩纷呈的民俗迷相，随着西南境内水的自然流动，以西南少数民族水生活为中心，进行多点民族志式的田野调查，通过缜密的跨文化比较分析，还原具有西南水生态共同体整体性的西南少数民族水文化的全貌，总结西南少数民族水文化的同质性内在结构及其运行规律。

第一章　中国西南少数民族水文化生境

第一节　多学科视野下的"西南"划界

在中国西南研究历史上，不同学科的不同研究者出于各自的学科背景和学术旨趣，对西南进行了不尽相同的划界。方国瑜先生较早地对西南地区的范围进行了界定。他指出：

> 西南地区的范围，即在云南全省，又四川省大渡河以南，贵州省贵阳以西，这是自汉至元代我国的一个重要政治区域——西汉为西南夷，魏晋为南中，南朝为宁州，唐为云南安抚司，沿至元代为云南行省——各时期疆界虽有出入，则大体相同。[①]

这个划分虽然也关注了西南内在历史、族群的关联，但主要是基于中国古代历史上对西南的行政划分，相对来说是一个以古代行政区划为标准的"小西南"或称为"狭义西南"的概念，作为西南民族史研究的视角，有其划分的依据及其合理性。这是一个主要以古代行政为线索的历史划分。

相反，童恩正先生以自然地理因素为主要依据，对中国西南地区进行了一个较大范围的界定。他指出：

---

① 方国瑜：《中国西南历史地理考释》（上卷），北京：中华书局，1987：1。

中国的西南地区，位于亚洲大陆的南部，包括四川、云南、贵州三省和西藏自治区。其西部为西藏高原，南部为云贵高原，北部为四川盆地。全境海拔高差悬殊，动植物的垂直分布差异很大，故而品种繁多，物产丰饶，十分适宜原始人类的繁殖生息。从地理位置上看，本地区北部接黄河流域，南与印度、不丹、缅甸、老挝、越南等国为邻，是连接亚洲大陆腹地与印巴次大陆及中南半岛的枢纽。[①]

可见，童恩正先生的这个西南划界，主要是基于西南在中国乃至亚洲地理格局中的位置。从自然地理决定论视之，这个划界的范围比较广、比较大，而且将西南置于一个西南外较大的亚洲乃至世界空间格局及其地位，能够获得一种"跳出西南看西南"的整体性和开放性视野。

作为从学理上对西南研究进行系统界定的一个学者，徐新建先生集众家之长，从更大、更广的范围对中国西南进行了全面深入的界定。他以"西南生态圈"内地域文化与文化地域相结合进行了一个划分，既避免了行政区划的制约，又兼顾了西南地区内在的历史文化发展脉络。[②]以西南自然的、历史的与文化的纵横相交的线索为其内在的隐形逻辑，因此，这个划分是一个弹性很大的自然、文化空间。

西南地区是中国少数民族民间文学丰富活跃的一个空间，李子贤先生从神话学的角度，提出了一个西南的划界范围：

---

① 童恩正：《中国西南民族考古论文集》，北京：文物出版社，1990：16。
② 参见徐新建：《西南研究论》，昆明：云南教育出版社，1992。

西南地区是我国少数民族主要聚居区之一，在包括云南、四川、西藏、贵州、广西乃至湘西地区在内的这片广袤的土地上，一直生息繁衍着近 30 个少数民族。[①]

这里，李子贤先生把湖南的湘西划进来了，而巴渝重庆则没有考虑进来。这个范围主要是从少数民族神话等独特民间文学体裁的内在关联和交织格局进行划分的。

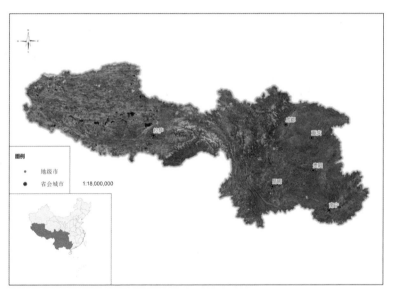

图 1-1　西南地区卫星影像图　　　　（普发贵　绘）

在后来的"西南"界定中，学者们以简驭繁，基本上以当代行政区划来进行简单划分。如，"在传统的西南民族研究中，所指西

南主要是指川、渝、滇、黔这一区域”[①]。有的是包括贵州、云南、广西、西藏、四川、重庆6省区的大西南划界。[②]有的则在其中突出强调上述6省区地域内的民族性空间，“西南少数民族地区，系指西藏自治区、云南省、贵州省、广西壮族自治区、四川省民族自治地方和重庆市民族自治地方”[③]。

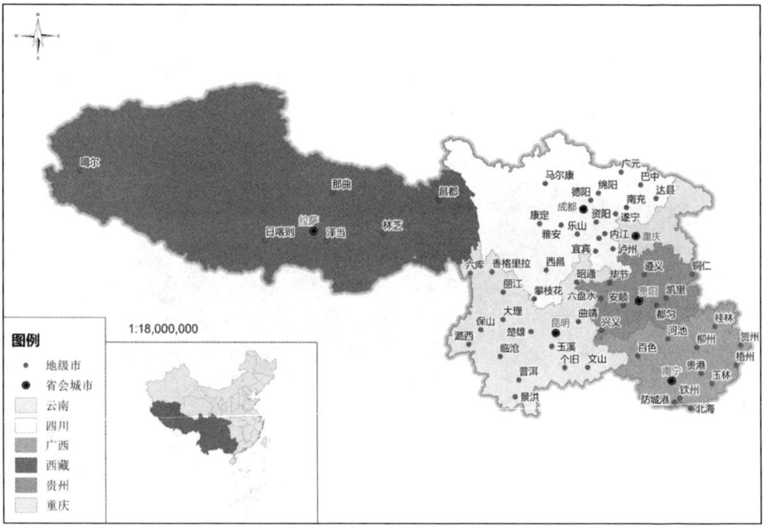

图 1–2　西南地区地域范围　　　（普发贵 绘）

本书在借鉴前人研究的基础上，对研究区域“西南”的划界，首先以自然地理因素尤其是水系分布来考虑，其次考虑西南地域范围内历史文化脉络的整体性，再次出于一种展开实际调查研究的可

① 蒋立松、蒋文玲：《西南地区民族关系在全面建设小康社会中的趋向及其调适》，《黑龙江民族丛刊》，2004（1）。

② 参见肖琼、李克建、杨昳：《中国西南少数民族文化要略》，成都：四川人民出版社，2011。

③ 陈金全主编：《西南少数民族习惯法研究》，北京：法律出版社，2008：1。

操作性，仍然以西藏、四川、云南、贵州、重庆、广西六省市区为粗线条圈划，但是尽量在田野材料的实际搜集和田野调查上避免行政化划界的制约。因此，本书所指的"西南"有三个层次的考量：一是在地理空间格局中作为一个水生态共同体的中国西南，二是内在有着相同历史发展线索的历史连续体的西南，三是作为长期民族文化交融互动发展的文化共同体的西南。

第二节　作为自然地理空间的中国西南

"西南研究，说到底是一种区域研究。这种区域是以某一特定自然空间为依托的相对性文化区域，因此，其研究必然具有自然与文化、客观与主观、相对与绝对以及个体与群体等多重因素相互结合的特点。"[1]西南少数民族水文化是西南独特的自然地理与西南各族社会长期互动的人地关系集合物，作为自然地理空间的西南是西南少数民族水文化得以生成的自然基础，所以，具有物质属性的地理纬度、海拔高差、山形地貌、林木水土、河流湖泊以及空气、温度、雨水等气候条件，都一起参与构成西南这个独特地域空间的自然生态系统，尤其是与水关系紧密的土壤、空气、森林植被以及江河湖泊等水域，是数万年来孕育了西南少数民族水文化的具体水生态环境。西南独特的水资源及其水系分布格局，数千年来滋养了西南各族人民，在其日常生产生活中生成了协调西南地区人—水关系的独特的少数民族水文化体系。

---

① 徐新建：《西南研究论》，昆明：云南教育出版社，1992：101。

图 1-3　念青唐古拉山　　　　　（黄龙光 摄）

中国西南地区占地近 275 万平方公里，约占全国国土面积的 29%，它东临中南地区，北接西北地区，南端与印度、不丹、缅甸、老挝、越南等国为邻。西南地形地貌分为明显的三区分布，从高到低为青藏高原高山山地区、云贵高原高山山地丘陵区、巴蜀盆地及周边山地。因兼跨青藏高原与云贵高原两大高原山地区，西南地区属于典型的高海拔山地。从青藏高原往南，地势呈垂直分布，连绵的山脉横断分布，高山耸立，山谷交错，坝子（盆地）散布山间。如此立体垂直多样的地形地貌，使西南地区形成立体垂直多样的气候及多样的物产。这种"一山有四季，十里不同天"的垂直立体气候孕育了多样化的树种，使西南地区成为中国三大林区之一。随着海拔的高低起伏，气温也随着由低到高变化，森林植被也随之呈垂直立体变化，从亚高山灌丛草甸、高山针叶林、高山草甸、亚冰雪植被，到绿阔叶林与常绿阔叶落叶混交林，再到常绿阔叶林明显交

替①，使西南地区青藏高原等高山寒带气候与立体气候分布区主要为
高山牧场。云贵高原低纬高原为中南亚热带季风气候，四季如春，
适合林牧业生计。四川盆地为湿润北亚热带季风气候，地势平缓，
气候柔和，多云雾，湿度较大，为著名的"鱼米之乡"。南端还分
布有少部分热带季雨林气候区，干湿季分明，物产丰饶。由此，西
南地区林木、牧场资源丰富，无霜期长，自然天成中国的"植物王
国""动物王国"与"矿产宝库"。

图1-4　西藏高原牧场　　　　　（黄龙光 摄）

　　西南高地是东南季风与西南季风的交汇地带，从而成为降水最
多的地区之一。加上由高至低的扇形结构，大量的降水源源不断地
从这里向四方流出，因此有"亚洲水塔"之称。②西南地区降水主要
以中雨为主，年中雨量可达340毫米以上，约占年降水量的三分之一。
西南地区由于海拔高差分明，呈梯次分布，使山脉从西北到东南形

---

① 参见刘明光：《中国自然地理图集》，北京：中国地图出版社，1984。
② 徐新建：《西南研究论》，昆明：云南教育出版社，1992：108。

成横断山脉，加上一直保持较高的森林植被覆盖率，因此，西南地区高山峡谷，汩汩泉涌，河流密布纵横，湖泊散布如珠，水资源总量异常丰富，是中国的黄河、长江以及珠江的发源地，也是向南流出的红河、澜沧江（湄公河）、怒江（萨尔温江）等跨国河流的水源地。西南地区中部和北部以注入长江流域的河流为主。南部和西部则分属珠江流域、红河流域、澜沧江流域、怒江流域、伊洛瓦底江流域、恒河流域和印度河流域。此外，藏北内流区还有众多的内流河汇入大小高原湖泊。

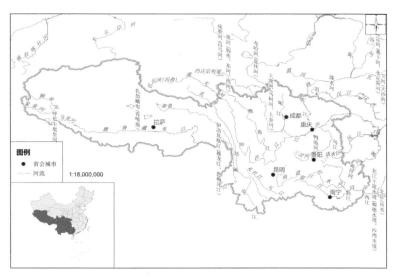

图 1-5　西南地区水系分布　　　　　（普发贵 绘）

西南地区的湖泊几乎都为高原湖泊，主要分为藏北高原湖泊区，包括阿里、那曲与日喀则三个地区的部分区域，有"天湖"纳木措、羊卓雍措等。作为西藏三大圣湖之一的纳木措湖，最深处超过120米，蓄水量768亿立方米，为世界上海拔最高的大型湖泊。大致为云南中南部的滇中高原湖泊密集区，分布着滇池、抚仙湖、星云湖、杞麓湖等。"高原明珠"滇池，总面积330平方千米，是云南省最大的淡水湖，平均水深5米，最深8米。湖水在西南海口泻出，被称为"螳螂川"，为长江上游干流金沙江支流普渡河上源。滇西北高原湖泊分布区，包括大理以北的云南省内地区，主要代表湖泊有洱海、泸沽湖等。大理洱海在古代文献中曾被称为"叶榆泽""昆弥川""西洱河""西二河"等，为云南省第二大淡水湖。洱海北起洱源，长约42.58公里，东西最大宽度9公里，湖面面积256.5平方公里，平均湖深10米，最大湖深达20米。位于四川省盐源县与云南省宁蒗县交界处的泸沽湖，属高原断层溶蚀陷落湖泊，由一个西北东南向的断层和两个东西向的断层共同构成，属长江上游干流金沙江支流雅砻江支流理塘河水系。

图1-6　西藏纳木措湖　　　　　　　　（黄龙光 摄）

第三节 作为历史文化空间的中国西南

中国西南立体垂直多样的地形地貌空间与气候，自古孕育了西南地区民族文化多元的内涵特征。这主要表现在西南地区内部早期文化起源上的多元或迁入文化的多元上，这主要是一条纵向的历时发展线索，同时，西南各个民族小聚居、大分散的居住格局，使西南内部各民族之间自古发生着民族文化的交融，这是一条横向的共时互动脉络。除了西南少数民族内部数万年来自身纵向、横向交织互动发展外，对西南少数民族文化的观察，当然也少不了西南汉族文化的视角，因为在历史上，不论主动还是被动，西南地区自秦汉开始就与内地文化有着千丝万缕的联系。西南少数民族水文化点滴浸润在西南民族文化系统的方方面面，在文化起源及表征多元的西南民族文化中展开水文化整体性的观察研究，我们更多地要找寻西南少数民族作为一个历史文化连续体的内在逻辑和发展事实，虽然这很不容易做到。自古以来，在西南地区繁衍生息的民族众多，一方面，虽然西南地区山川、大河阻隔，造成了民族之间的隔离，但另一方面，通过河流等自然通道，各民族之间的交往与文化的交流也从未停止过，这种互动共生的民族关系自然养成了一种"你中有我，我中有你"的民族文化生态共同体，使西南地区成为中国民族关系最和谐团结的一个边疆民族地区。从这个意义上，我们说"西南是民族的西南""民族为西南的民族"，西南少数民族经过数千年的共同发展，形成一种内部多元与外部一体的整体文化特征。

图1-7　西藏羊卓雍措湖　　　　　　　（黄龙光 摄）

　　在西南横断山脉之间，怒江、澜沧江、金沙江、雅砻江、大渡河、岷江、沱江、涪江、嘉陵江等河流，自北向南奔腾流淌，恰似沿江而下的走廊开辟于崇山峻岭之间，纵贯南北，成为历史上很多民族迁徙往来的通道，而且这个通道一直跨国延伸到南亚、东南亚文化圈。东西方向，长江从四川东部穿过三峡，连接江汉平原，发源于贵州东部的源江，经过湘西沟通了洞庭湖平原。"从'西南夷'地区新石器时代文化的面貌来做进一步分析，可以看出，它的各种特点事实上反映了各个区域中各族群的来源、迁徙、适应能力、交往范围等多方面关系，使'西南夷'地区的新石器时代晚期文化显现出它的走廊性和土著性二重特征，由此构成了'西南夷'地区民族文化生长壮大的基础。"[①]这种作为西南地区地方土著性特征的源头，可

---

① 段渝：《部落时代的西南夷文化与族群》，《兰州学刊》，2016（3）。

能与远至史前时期西南地区起源、生息的古人类有关，虽然我们无法证明数百万年内人类社会发展内在的一致性与连续性。这些古人类考古遗址主要有：距今约 800 万年的禄丰腊玛古猿，距今 60 万年～50 万年的楚雄"元谋人"，以及西藏"长诺"文化遗址、贵州"猫猫洞文化"、四川"铜梁文化"等年代不一的考古遗址。从常理推测，在中国的华南或西南地区，应该有早于公元前 4000 年的栽培稻遗迹存在，它可能晚于河姆渡而早于能诺他、班清，成为联系两地文化的中间环节。它也可能早于河姆渡，而成为东亚稻谷栽培真正的起源地。① 在广西南宁地区发现了 10000 年前的稻谷生产及加工工具，证明该地区在距今 9000 多年以前就出现了原始的稻作农业。② 云南稻谷栽种的地理位置从海拔 40 米到 2600 米内垂直分布，这种垂直立体的地理、气候与环境，使云南成为作物变异的中心。云南现代栽培稻种之亲缘关系，十分接近云南的现代普通野生稻。这也就是说，云南现代栽培稻的祖先很可能就是云南的普通野生稻。③ 西南新石器时代呈现出的复杂地区差异，与青铜时代当地民族集团的分布是大致符合的。这样，我们就有理由推测，在进入历史时代以后，本地区众多的部族，其文化主要应当是在当地发展起来的。④ 因此，从发生学上看，西南文化更多的应该是一种内生性的区域文化。

---

① 童恩正：《略论我国西南地区的史前考古》，《四川文物》，1985（2）。
② 参见覃乃昌：《壮族稻作农业史》，南宁：广西民族出版社，1997。
③ 李昆声：《亚洲稻作文化的起源》，《社会科学战线》，1984（4）。
④ 童恩正：《略论我国西南地区的史前考古》，《四川文物》，1985（2）。

图 1-8　云南大理洱海　　　　（黄龙光　摄）

西南少数民族主要为氐羌、百越、濮三大族群后裔，西北而来的氐羌与东来的百越均为顺水迁入的外来族群，而濮为西南地区主体土著族群。从语言的族属上看，西南少数民族主要为藏缅语族、苗瑶语族、壮侗语族与孟高棉语族。遍布在西南各省市区的彝族作为一个古老的族群，其族源在学术界一直存有争议，但近年来的研究越来越认为，金沙江作为孕育彝族文明的母亲河，其南北两岸是彝族文化的源头。彝族是金沙江南北两岸古代"濮"等土著部族，融合了从"旄牛徼外"南下的古羌人后形成的。金沙江南北两岸流域，濮等土著从事着半农半牧的生计方式。① 彝族葫芦图腾、虎图腾、火

---

① 黄龙光：《试论彝族水文化及其内涵》，《贵州工程应用技术学院学报》，2016（4）。

崇拜等源自氐羌文化。[①]关于滇王国的族属,学术界也一直存有争议。童恩正先生通过考古材料比对分析,认为如果用考古材料证明滇为南方土著民族的结论不误,则可以进一步推断其究竟属于南方民族的哪一支。在历史文献中,中国古代南方大的民族集团,有越、濮、蛮等,就有关史料进行分析的结果,他认为滇应属于濮族系统。[②]西南少数民族水文化,在内部结构及其外部形态上具有相似性,都存在水信仰、水技术与水制度、水教育与水哲学等组成部分。从源头上来看,西南少数民族普遍存在水生型创世神话演述,其中23个少数民族拥有洪水神话,而且很多民族在洪水神话人祖再生母题的叙述上,再生人祖后代的族属身份往往超越了本族,而多为相关若干民族共同的祖先,这本身就说明西南少数民族之间同源异流、一体多元的发展线索。西南少数民族充分认识到森林对水土涵养的重要性,在村寨周围往往保有神林、水源林、风水林、寨神林等相关神林圣境,自古受到宗教禁忌的严格恪守。不论河谷水田稻作还是山地梯田稻作,为了实现用水的公平,很多民族都有刻木分水的协调制度。总之,西南少数民族水文化具有一种内在的一致性,这种整体性特征不仅可以观察,而且在少数民族一系列水事实践中,具有多重生态维护的价值。

---

① 李昆声:《从云南考古材料看氐羌文化》,《思想战线》,1988(1)。
② 童恩正:《近年来中国西南民族地区战国秦汉时代的考古发现及其研究》,《考古学报》,1980(4)。

第二章 少数民族水文化的界定

文化是人类为了自身繁衍生息与社会发展，长期以来不断适应自然的过程及其结果。作为人化自然的产物，文化林林总总、异彩纷呈，它包括人类有史以来长时间与自然相适应后积累下来的一切物质、精神及社会制度的总和。水是人类社会赖以生存和发展的重要基础，水因其流动性和不可或缺性，全面浸透于人类社会生活的各个方面，从而生成一种人—水关系，人—水关系长期互动形成水文化。要对水文化进行全面深入的认识，必须首先界定什么是水文化。而水的观念、水文化的特点、治用水技术、水制度、水文化的规律、水文化的功能、水文化的教育传习等都是水文化的重要内容。多民族聚居的西南地区是中国乃至亚洲重要的"水塔"，西南少数民族水文化及其内涵的界定，无疑是我们研究其水文化本体必须解决的首要问题。

第一节 水文化及其界定

水在常温、常压下，是一种无色、无味的透明液体。水作为一种特殊的物质形态，占地球表面的 71% 以上。水是一种极其重要的自然资源，能够持续提供人类日常生产生活用水，是人类社会繁衍生息赖以依靠的重要资源。根据世界气象组织 20 世纪中后期相关报告，饮用水的匮乏将成为未来全世界城市面临的重要问题。预计到 21 世纪中期，地球上近 50% 的人口将面临缺水问题。对于那些严重缺水的地域来说，水已经超出了一般生活资源的范畴，一跃成为一种极其重要的战略资源。第 47 届联合国大会将每年 3 月 22 日定为"世界水日"，旨在让全世界都来关心饮用淡水短缺的严峻问题。

没有水就不可能有人类，也就谈不上人类社会的可持续发展。《管子·尽藏》中，管子说："食之所生，水与土也。"说明人已认识到水是人类赖以生存的重要物质条件。周文王伐崇侯虎时，曾颁布了一道讨伐令，其中有"毋填井"条款，以军令的形式严禁填塞水井。《吕氏春秋·义尝》："竭泽而渔，岂不获得，而明年无鱼。"这非常明确地表达了反对断根式用水，倡导水资源的可持续利用，实现人类社会可持续发展的观点。汉元帝时南阳郡守召信臣制定了《均水约束》，明确告诫人们要节约用水、合理用水，并防止水纠纷的发生。老子《道德经》"水善利万物而不争，处众人之所恶，故几于道……人无常在，心无常宽，上善若水，在乎人道之心境，即心如止水"，更是将自然之水上升到一种言"道"的哲学高度。

水不仅是一切生命的源泉，更是人类文明的源头。随着自然的水流入人类社会生活的方方面面，经过千百年来的一系列人—水互动而建构起来的水文化，积淀了悠久的治用水历史与丰厚的文化内涵，并一直发挥着生态、社会、文化等多重功能。人们对水的属性进行观察和认知，为解决各种水问题而创制的各项治、用水技术，为有效管水而群体商议、制定和实行的各种水规，作为一种水创世、水治理的历史记忆,以及促进传统文化传承的水教育等水文化内涵,早已超越了水的自然属性特质及其所指范畴,成为民族传统文化系统和社会生活中极其重要的部分。特别是在原生水生态受到破坏、各种水问题频出的当代社会,亟须相关自然科学和人文社会科学对水文化进行全面深入的研究。

目前水文化的研究现状,总结起来主要有以下三个特点。第一,重以水利技术为核心的水文、水管等现实问题研究,轻以水历史、水文化、水制度等为内涵的人文社会科学研究。这是一种不自然的"技术中心主义"视角下的研究范式,其最后的研究题旨,基本上都是为水利、水务等相关职能部门提供技术支撑,并参与实施工程性水务实践。第二,重中国古代宏大(治)水史与汉民社会水务实践研究,轻边疆少数民族水文化研究。由于历史的变迁和经济社会的快速发展,事实上,少数民族水文化保存相对完整,富含悠久的历史文化记忆,更为重要的是,少数民族水文化有的依然持续发挥着自然、社会生态功能。中国古代(治)水史与汉民社会水务实践研究,往往以人类学或社会史的视野,将历史上或某地的水与政治、政治互动勾连起来,以一种水文化的历时视角,总结出某种宏大的历史叙事与社会建构。第三,重某地或某一民族传统水文化的个案研究,轻少数民族水文化总体或更大地域范围内水文化的整体研究。这样的研究强调了水文化的文化边界,过度纠缠于水文化的民族属性,忽视了水的地域流动性和水生态的族际、地域整体性,易造成一种碎片化的刻板印象。

对水文化的概念及其内涵与外延的科学界定,对水文化生态内蕴及其功能的全面考察,是水文化研究的基点,更是水文化研究的重要内容。"中国是一个具有丰富资源和文化多样性的国度。研究这样一个'多元一体'的国度，学者如何处理不同区域的差异，是一个关键的问题。"①中国历史悠久，中华文明传承数千年，以共时观之，中国水文化总体上既有地区的差异，也有民族的差别，但水文化及其实践模式同时也具有地区间和族际的共生性、共享性与互利性特点。长期以来被有意无意遮蔽的少数民族水文化，直到现在，有的依然活态化地相融于其日常社会生活中，持续地发挥着自然社会综合生态维护的功能，具有可持续发展的现代生态价值。

如何界定水文化？水文化主要表征在哪些方面？

有学者界定水文化是："人类创造的不同形态的涉水的特质所构成的复合体。'涉水'是涉及水的水事活动、水思考等的简称，最终形成水文化特质。"②有学者概括为："它是人们在从事水务活动中创造的以水为载体的各种文化现象的总和，是民族文化中以水为轴心的文化集合体。"③有学者将水文化提升到一种水精神的地位，论及世界观、价值观、道德观，认为水文化"是人们在与水打交道的过程中创造和享有的一种文化成果，其中最重要的内容是水精神、水利精神，它能给人们某种启示、感悟或体验，它是人赋予水的某种灵气，其实质是一个国家、一个地区人民的优良传统、优秀品德在水事活动中的体现"④。从上述这些界定可以看出，水文化的要件是涉水，它是以水为核心而发生的一系列经济、社会、文化现象的总和。我们认为，简单地说，水文化是人类长期通过与水互动，因

① 王铭铭：《"水利社会"的类型》，《读书》，2004（11）。
② 万峰、麻林：《水文化特质理论方法研究》，《水利发展研究》，2011（1）。
③ 李宗新：《简述水文化的界定》，《北京水利》，2002（3）。
④ 袁志明：《水文化的理论探讨》，《水利发展研究》，2005（5）。

水创造和传承的一系列有关水的观念、信仰、技术、制度、审美与教育等方面的社会文化集合体。人类社会的生产生活离不开水，水隶属于自然生态，牵涉哲学审美，更关乎民族精神，水文化在民族文化系统中占有极其重要的地位。

第二节　少数民族水文化的界定

水是一种自然物，水文化是长期人化自然的结果，正是人在一系列大大小小的水事活动中，创造和传承了主要由水信仰、水技术与水制度三位一体建构起来的水文化系统。对于人类而言，水在创世、润泽万物施恩的同时，又能瞬间发动旱涝以灭世祸害，正因为人对水的有限操控和不易操控性，人对水就生成了一种既敬又畏、又爱又恨的复杂情感。在这种复杂情感的支配和影响下，水就超越了作为一种自然物的水本身，人们幻化和想象水具有一种超自然、超人的神威和神力，进而将自然的水无限神化，最后使人们对水顶礼膜拜，敬水爱水，惜水护水。于是，传统水文化披上了一件神秘的原始信仰外衣，也正是原始信仰中神圣祭祀和禁忌长期以来规范了人们的水事、水务活动为核心的水文化实践，不仅实现了对水的合理使用和有效治理，同时也通过一系列的人—水互动，促进了自然、文化与社会等综合生态维护。

少数民族水文化，指"少数民族在长期适应自然的过程中，在其水事活动中创造的、以水为载体的各种社会、文化现象的总和，是民族传统文化系统中以水为核心的文化综合体"①。传统不是一成不变的因循守旧,它是一个不断扬弃纳新的过程及结果,总体上,它处在一种相对变动的稳定状态。作为一种极富生态价值的特殊文化及其实践,少数民族水文化代代相传,定型为一种生活方式而存在。当今,少数民族社会正面临着一系列全新的现代性变迁,包括水文化在内的民族传统文化受到了强烈的冲击,亟须得到全社会的关注和保护。少数民族水文化,主要作为一个历时的系统,是各少数民族群体千百年来在适应自然的漫长过程中,在一系列涉水活动中创造的以水为媒介的各种社会、文化事象的集合,作为一种特殊的文化积淀和社会实践,在民族文化系统中占有重要地位。以简驭繁,少数民族水文化的主要内涵,由水信仰、水技术、水制度三个部分组成。少数民族水文化在历史上一直维持着一种内部的自我运行与发展,因此,其外延不包括外力强制推动并实施的现代水事、水务活动。

少数民族水文化作为一种边缘文化,因其神秘的原始宗教特性、口传手授的独特传习方式,加上其自然融于日常社会生产生活中润物无声而不易被察觉,没能进入大传统的文化书写体系中,长期以来在一定程度上被主流文化观、文化标准所无视,但这并未影响少数民族水文化的传承及其日常生活实践。如今,少数民族历史悠久、内涵丰富且极具生态价值的水文化,有的依然顽强地管护着边疆民族地区的水环境,调节着当地的水生态。同时,因人口的持续增长,商业化裹挟着工业化、城镇化的多重现代性冲击,使民族地区以及相邻区域的水生态遭到不同程度的破坏,导致水源枯竭、水体污染、

① 黄龙光:《少数民族水文化概论》,《云南师范大学学报》(哲学社会科学版),2014(3)。

旱涝灾害等各种水问题频出。因此，应对当前急剧变迁的水环境，解决一系列严峻的水问题，推进民族地区经济、社会可持续发展，建设边疆民族地区生态和谐社会，固然需要依靠各类现代水利、水电技术，但相应地，亦必须对作为一种千百年来行之有效的本土生态知识的少数民族水文化进行全面调查、挖掘和总结，重新激发少数民族水文化的活力，积极实现其传统价值的现代重构与转换，充分激活其综合生态维护的功能。

第三节　少数民族水文化的主要内涵

根据水文化的外延与内涵的界定，但凡有关水的意识观念、生产生活、社会制度以及习俗惯制，都属于水文化所指的范畴。在现实生活中，与水有关的水观念、水技术、水制度、水教育与水审美等表征纷呈，水文化及其实践自然融于日常社会生产和生活的点滴之中，无处不在、无所不见，但不易具体把握。如何确定一个相对合理的水文化内涵，是水文化研究首先必须解决的问题。郑晓云研究员概括水文化的主要内涵有：

> 一是有关水和人类文明形成的关系，水在人类文明发展过程中的角色，也就是水的文明史、利用史。二是世界不同民族、国家以及不同文化背景中的人们对水的观念、认识、宗教信仰，使用和利用水的社会规范、行为模式等文化要素。三是人类在改造水环境的过程中形成的有文化内涵的物质结果。四是当代人类的水文化价值观念、使用和管理水的行为模式、社会规范等。

五是水教育体系的构建，包括学校与公众教育。①

这个概括较为全面，水的精神文化、物质文化、制度文化、水教育等均涵盖其中。

少数民族水文化既是民族传统文化系统的重要组成部分，又具有自身相对独立的完整结构、文化内涵，并发挥着相应的社会功能。我们可以简单地从文化的三分思路，即精神、物质、制度出发，考虑到实际研究的一种可操作性，将少数民族水文化主要内涵规定为水信仰、水技术与水制度三个部分。如此划分，基于水信仰、水技术与水制度三方面在少数民族水文化系统中所处的结构性地位，也出于我们实际开展少数民族水文化研究的简约性和可控性原则。当然，这样的"三分"或"三合"只是一种权宜处理，在具体的水事活动中，它们之间是一个互连、互构、互动的动态结构关系，紧密结合，推动着少数民族水文化系统的整体运作。因此，若只聚焦信仰、技术或制度中的任何一方面，都只是水文化的一个侧面，其研究过程是一个割裂式单维考察，其结果是不全面、不完整的。这往往容易陷入当前多数少数民族水文化研究碎片化的窠臼。水信仰、水技术、水制度，三方面有机联动，共同构成少数民族水文化系统，不断地推动着其日常水务、水事生活实践。水审美、水传习等其他相关内涵，渗透、穿插、交融于水信仰、水技术与水制度及其关系运作中，为避免造成少数民族水文化研究的碎片化假象，我们将不再单列赘述，并入以上"一体三位""三位一体"的深度阐释和分析中。

---

① 郑晓云：《国际视野中的水文化》，《中国水利》，2009（22）；另参见《水文化的理论与前景》，《思想战线》，2013（4）。

一、水信仰

水信仰是人类数万年来通过不断识水、用水、治水而逐渐积累起来的关于水的精神产出。少数民族水信仰，是各少数民族数万年来在不断适应自然的水的过程中，经过全面观察水，认识并解释水的独特属性而逐渐积累起来的涉水的精神凝结。因水具有超人、超自然的创生能量及毁灭威力，历史上，少数民族囿于自身生产力发展水平以及"物我一体"的圆融自然观及其生态实践，往往不自觉地将自然的水神化，将水这种超自然的能力解释为其背后所附各路神祇的控制，巧妙地将人—水关系换位思考成人—神关系，认为只要处理好了人—神关系，即可处理好人—水的关系，也就能有效地控制和应对水，使少数民族水观念、水信仰表征蒙上了一层有神论的神秘主义面纱。正因为这层神秘的面纱，一些传统水祭及其仪式在古代被定为"淫祀"，20世纪"破四旧"时作为封建迷信几乎被破除。

事实上，水作为一种自然物，我们对水及其属性的观察、认知和解释，往往具有一种历史性，可以说，时至今日，人类对水及其属性的观察和认知还远不全面。当今，随着人类文化观的转变，将有文字记载作为评判文明唯一标准的做法已一去不复返了，更何况有的少数民族还拥有本民族的文字系统。千百年来，纵观民族地区的水生境，正是得益于少数民族将水神化的原始水观、水信仰及其生态实践，边疆民族地区虽历经各类历史洪流、政治风雨，才保住了神山圣湖、竜林寨神林、龙潭水井等一系列水生态圣境空间。对于少数民族原始神秘的水信仰，我们再也不能将其与"科学"对立起来强行剔除。事实上，少数民族水信仰及其表征形式，不仅是少数民族原始宗教的重要组成部分，而且是少数民族原始宗教的根柢所在，更是少数民族水文化的精神源头。水具有蓬勃的创生力，在傣族、壮族、彝族、哈尼族、拉祜族、纳西族等南方少数民族丰富的创世神话中，水创世（人祖）、旱涝灭世（人祖）成为神话的亘古母题。

　　少数民族水信仰是其对物化的水神圣化的水观念、水思想，与其原始宗教中的自然崇拜、图腾崇拜与祖先崇拜紧密相连。出于水对人类社会的重要性及不易操控性的观察与认知，少数民族水信仰的核心是水神话，而水创世—灭世的浪漫母题轮转，不仅对应着水对人施恩—毁灭的现实主题，更是少数民族历史上对水及其属性的独到观察、认知与解释，蕴藏着少数民族独特的自然观与价值观，并成为少数民族水观念、水精神等思想贮存的渊源。少数民族水信仰以神灵的名义，曲折地讲述、论证对水及其不可控性的"意识操控"，是少数民族先民对天地、万物、神、人做出的一种"水化"探讨和求索。更为重要的是，少数民族水信仰的神话，演述人与自然、人与自身、人与神之间的恩怨与和解，完成了一个有关复合性生态隐喻的神圣叙事。

二、水技术

　　少数民族为自身生产生活目的而发明、创制的一系列掘井、开沟、挖塘、蓄坝，以及以水车取水、远距输水、疏堵等用（治）水技能，是长期适应特定自然环境的结果，并由少数民族群体世代共享和传承的治水经验、用水智慧和用水技能的积累、结晶与集萃。如果说少数民族水信仰是水文化的神圣精髓，那么少数民族水技术则是水文化务实的实践总结。少数民族水技术，是历史上少数民族积极依靠自身能力，应对自然环境而解决一系列水问题的技能与经验的总结，充分体现了少数民族以自身聪明才智控制自然水的技巧及无畏精神，较好地协调、处理了人与自然（水）的关系。

千百年来，少数民族面对复杂的水环境和用水困难，充分依靠群体的力量，发挥集体的聪明才智，创造性地开挖沟渠、筑坝蓄水、掘筑井塘、架木输水、提水灌溉、建桥渡舟，不断发明、创制、传承了一整套因地制宜、巧夺天工的庞大治水、用水技术体系。少数民族水技术，是各少数民族祖祖辈辈本着务实的精神，依靠集体的力量，在理性应对各种现实的水问题，处治旱涝等各种大小水患的过程中世代积累起来的独特的用水、治水经验和技术，蕴含丰富的水生态观及用水智慧，并表现出少数民族乐天豁达的生活观，是少数民族民间水知识、水技术的智识结晶。少数民族水技术，是少数民族水文化中最具理性光芒的部分，也是在手工业年代最有技术含量的部分。与现代先进的水利技术、设备相比，少数民族水技术固然有一定的局限性，但其因地制宜、就地取材、适度开发、高效低碳等一系列可持续的治水、用水观念及其实践，却是前者所需借鉴和传承的。

三、水制度

少数民族水制度，是少数民族对其大大小小的水务、水事活动进行有效管理的一整套规约和制度，其主要目的在于公平地配给水资源，应对各种水患灾害，解决其他相关水问题。"在区域水利社会中，水、水神崇拜以及水的象征意义，不但是人们水观念的主要表征，而且会在具体的水务管理和社区生活方方面面，扮演十分重要的角色。"[①] 水及依附其上的各类水神，以及水神崇拜及相应的祭祀仪式，早已成为少数民族民间社会生活的重要内容之一。通过神圣的水崇拜及其祭祀仪式，理性的人—水（自然）关系，就转换、变形、提升为一种神秘的人—神关系，以至上的神祇名义进行统领，以整个民间社会的群体利益为号召，最终在于向全体民众培养和传习一种崇水、敬水的观念，向全体民众灌输一种爱水、惜水、护水的意识及实践。综合起来，少数民族水制度，包含神祇的威慑、水规的制约以及水倌的监管三个层面。

少数民族水制度，作为民众对公共水资源的一种制度化自我管理的内部规约，是水文化三维内涵中最具社会属性的那部分，主要处理人与人、人与社会、社群与社群之间涉水的社会关系。神圣与世俗相结合的少数民族水制度，在对公共的水资源及其水务活动进行制度化管护的过程中，首先采借水神、龙神、寨神等各路涉水神祇的神圣威慑，其次依靠民间内部制定的水法的强制规约，最后由民选并受行政委任的水倌等专人授权管护，如此三合一，完整地实现对公共水资源及水事活动的全面监督和有效管护。事实上，类似的水规早已超越了民间水管理的范畴，已然延伸到整个地方社会的全面治理，有效地配合了国家对地方的政治治理。

---

① 张亚辉：《人类学中的水研究——读几本书》，《西北民族研究》，2006（3）。

第四节　少数民族水文化及研究意义

少数民族水文化，是少数民族通过处理一系列水问题而不断积淀的物质和精神创造总和，具有丰富的生态内蕴及重要的生态价值，在民族文化体系中占有重要的地位。多学科全方位交叉研究少数民族水文化，不仅是对传承和发展民族文化传统的智力支持，也是促进当代水文化学科建设的重要内容。

当代社会由于各种严峻的水问题频出，极大地困扰着人类社会的可持续发展，全面调查、整理、剖析少数民族水文化的内涵、特点及价值，对解决一系列相关的水问题，对修复自然、社会生态系统，构建生态和谐社会，具有重要的现实意义。

一、推动民族传统文化的传习

"能容纳的水是生命的原始子宫，无数神话人物都由它产生；一切生物都依靠水或大地的乳汁而成长并维持其生存。"[1] 纵观世间万物，包括人类自身，都不可能离开水。水是创世最重要的原生物质，所以水是人类文化的源头，水事、水务活动是人类社会生活的重要内容。极富生态内蕴的少数民族水文化，是少数民族文化的重要组成部分，更是少数民族文化传统的精神源头。全面调查、深入研究少数民族水文化，既是当代社会转型期传承和保护民族传统文化的要求，也是全面推进社会主义生态文明建设的时代要求。

---

[1] 〔德〕埃利希·诺伊曼：《大母神——原型分析》，李以洪译，北京：东方出版社，1998：31~37。

　　少数民族水文化，是各少数民族长期适应自然环境，世代创制、累积起来的有关水的观念、技术、制度等社会文化事项的总和。以流动的水为媒介，少数民族水文化几乎涵盖了少数民族社会生活的方方面面。少数民族水文化中，不仅有敬水、惜水、护水的水生态观念，更有一系列水事、水务活动等可持续的水生态实践。水文化中神圣的水信仰部分，虽然是各少数民族对水的变形的、曲折的认知和表征，但它客观上协调了水—人关系，强调了一种敬畏自然、敬畏水的生态伦理。包括水观念、水认知、水技能、水管护、水教育等在内的少数民族本土水知识，在水环境恶化、水资源匮乏、水问题频出的当代社会，无疑具有重要的生态价值和传承意义。对于每一个民族成员来说，从小到大一辈子，亲身参与了各类公共水事、水务实践活动，这种现场的、即时的、面对面、手牵手的语（情）境化传习模式，使人—水和谐的生态观念内化于心。

　　少数民族水技术是各少数民族长期适应各种自然环境，充分发挥集体聪明才智，创造性地发明和利用的一系列用（治）水技术、技巧与经验的总结，属于水文化系统中最富技术含量的部分。育林养水、掘井开沟、挖塘蓄水、竹筒分水、水车灌溉等每一项技术创制，无一不是少数民族独到而富有生态的水知识和水技术，是少数民族世代对水的理性认知和科学应用，在极大地推动少数民族社会生产力的同时，也增强了少数民族应对水困境和水灾害的能力。少数民族社会中那些民间水倌、水匠等能工巧匠，作为传统水技术的主要发明者、创制者和传承者，一直以来受到社群的尊重和爱戴。

　　少数民族水技术主要协调、处理人—水（自然）之间的关系。少数民族水制度主要协调、处理人—自然、人—人、人—社会、社群—

社群之间的关系，是一套极富社会管理内涵的制度和规范。少数民族水制度及其社会化实践，主要有涉水神祇的威慑、社群公议而定水法的规约，以及民间公推水倌的专职管护三个方面的内容。其中，传统水规有口头传承的习惯法，也有勒石而立的成文法，均对所有成员具有民间法的强制力。这三方面的威慑、规约与管护，三位一体地有效管理着用水，更实现着地方社会的自治与自管。水信仰、水技术与水制度三个方面贯穿于少数民族水文化实践活动中，不仅实现人—水关系的和谐，而且维护人—人、人—社会、社群—社群关系和谐的社会生态。

二、推进水文化学科的建设

水文化研究（the study of water culture）作为一门新兴的自然与人文交叉学科，是以水为脉络，以水文化为研究对象，具体探讨水利史、水观念、水技术、水制度、水审美、水教育等内涵，总结水文化产生、发展规律的一门科学。[1] 水是人类社会发展必需的重要战略资源，水文化研究具有重大的现实意义。"水利对于中国社会的理解，有着至关重要的意义，在揭示这一意义时，不同的学者已从不同的角度做了不少工作。研究水利与社会之间的关系，先要确认这种流动的物质是农业社会的核心资源。"[2] 中国是一个典型的农业社会，农耕、游牧等传统生计方式，长期以来都要"靠天吃饭"，所以，治（用）水历史悠久，水文化内涵丰厚。当代社会，全世界

---

[1] 黄龙光：《少数民族水文化概论》，《云南师范大学学报》（哲学社会科学版），2014（3）。

[2] 王铭铭：《"水利社会"的类型》，《读书》，2004（11）。

范围内水环境不断恶化，水质受到不同程度的污染，饮用水出现短缺，各种水问题频发，在这样的背景下，新兴的水文化学科应时而起，前景广阔，必有作为。

中国是世界范围内一个典型的治水型社会核心区域，中华水文化的总量庞大，其形态及其表征多元，水文化在不同的地区、不同的民族，在不同的历史时期，均表现出不同的特点。中国传统水文化，不仅记载在浩如烟海的历史典籍中，更活形态运行于当下的日常社会生活中，有的仍具有旺盛的生命力和传续力，仍然对各民族的生产生活发挥着积极的生态功能。我们不仅要认真爬梳相关历史典籍，全面挖掘、书写中华水文化的总体概貌，总结总体特征及其运行规律，还要深入分析水、水利与中华民族历史的互动关系，从而归纳水在中华文明历史进程中的重要意义及发展规律。国外水人类学与国际同行水文化研究的最新成果，应当是中华水文化研究可资借鉴、汲取的经验。当前水文化研究最需要、最缺乏的是田野调查实证类研究，我们需要特别关注长期处于边缘地位的少数民族水文化，对其做出精致的个案研究，这将极大地补足中华水文化研究的总库。在一定数量的个案研究基础上，我们应总结创新中国化的水文化研究理论方法，加强中外水文化研究的学术交流，共同研究和缓解全球性的水困境。

当代水文化研究的主要内容，首先要全面调查、书写传统水文化中的水观念、水技术与水制度等内涵，总结水文化的总体特点和运行规律，不仅要创新现代水利、水务工作，而且要弥补当代水利技术的人文缺陷。同时，要增强水文化学科参与解决现实水问题的能力，以充分体现水文化学科的社会价值。第二，水文化研究的系统成果，是当代民族文化传习的重要内容。特别是那些极富生态智慧的传统水观念、人—水和谐协调机制等传统水文化内容，是向广大民众宣传和教育最需要的水文化知识内容，以修复当代紧张失衡的人—水关系。要在各科研院所培养一批水文化研究的专业人才，组建一支多学科交叉的联合攻关研究团队，担当起水文化研究、教育的双重重任。

三、促进生态和谐社会的建设

人类学文化整体观视野下的生态和谐概念，理应包含自然生态和谐、文化生态和谐、社会生态和谐三个方面的内涵，只有自然、文化与社会生态三位一体的整体和谐，才能建构和维护一个可持续发展的生态和谐社会。自然生态和谐是生态和谐社会的源头基础，社会生态和谐是终极目标，文化生态和谐则位列其间，承前启后。水是自然生态和谐中极其重要的元素，如果没有水资源的良性生态循环作为保障，水生态一旦遭到彻底破坏，就难以保障生态和谐社会的构建和维系。水文化是民族文化传统的源生文化，只要水文化良性传习的生态链不断裂，水生态环境就能得到维系，民族文化生态平衡就能得到有效保障。

"水资源短缺问题虽然表现在水上，根子则在人上。采取各种技术手段治理水问题固然极为重要，但终究还是治标，只有从人的思维活动中调整人与水的关系，抓住人类活动这个中心，对人类行为进行约束，建立高素质的人—水和谐关系，才是治本之策。"[1] 水

---

[1] 周小华：《水文化研究的现代视野》，《前沿》，2007（16）。

作为一种自然资源，只有经过人的操控才能成为文化，水文化正是人类应对各种水问题而不断创制、传承的一系列"涉水"的观念、技术及其实践的结果。水文化因内化于全民并付诸实践而得到有效传承，即在一系列的水事、水务活动中，人们摒弃个人及小团体的恩怨，精诚团结，分工合作，各司其职，各负其责，因水而整合为一个高度均质化的自然—社会生态共同体。水文化及其实践，不仅加强了一定范围水域内的血缘认同，而且使其达到了一种超血缘的地缘认同。水文化以神祇的威慑、共议的水规与公推的水倌，自古以来三位一体地维护着人—水和谐关系，从而构建和维护一个高度和谐的地域社会。

当代社会的水问题不是仅仅依靠科技就能解决的，水文化融入日常生产生活的方方面面，因此它同时带有社会属性和文化属性。只有全面、充分地认识水文化，才能汲取其中有价值的部分进行有效传习，将其与现代水利科技对接，增强人们可持续的水生态意识、水观念，重建人们对水的敬畏感，重新恢复水文化的地位。通过修复人—水失和关系，重建敬水、惜水、护水的观念和生活方式，早日养成现代节水型社会。在现代各种水事、水务活动中，真正做到避免"人类中心主义"的做法，通过实现自然生态、文化生态、社会生态三维共同和谐，才能最终构建一个可持续发展的新型生态和谐社会。

小　结

少数民族水文化，作为少数民族文化系统的重要组成部分，是少数民族传统文化的源生文化，因其特殊的运行表征形态，加上长期以来主流文化观和文化标准的影响，它们历史上长期以来被主流文化所忽视和遮蔽。作为中华水文化研究的一部分，目前对少数民族水文化的研究在总体上呈现明显不足。少数民族水文化，是千百年来各少数民族面对各种水环境，出于协调和处理人—水关系而创制和传承的物质的、精神的与制度的社会与文化集合物。以简驭繁，少数民族水文化主要由水信仰、水技术与水制度三个方面的内涵构成，它们互连互渗，结构有机紧密。水信仰、水技术与水制度的三维视角，是观察和研究少数民族水文化的一个分析模式。加强少数民族水文化及其研究，有助于推动民族传统文化的传习，推进当代水文化学科的建设，促进生态和谐社会的构建。

第三章　西南少数民族的水信仰

西南少数民族水文化中，属于精神层面的内涵是其水观念。少数民族水信仰及其仪式，构成其水观念的具体表征和仪式符号。纵观西南少数民族丰富多彩的水信仰，不难发现其中蕴含水创世与灭世、水崇敬与水禁忌两大对应的复合主题。西南少数民族水信仰及其祭祀活动，带有一种原始宗教的神圣性，从而强化着水对少数民族社群的威慑性，长期以来不仅融塑着少数民族的水观念，而且有力地指导和规约着民族成员的日常水事、水务实践。西南少数民族水信仰，是各少数民族水文化的思想精髓及认识凝结，也是少数民族传统生态知识的源内核，蕴含独特而素朴的生态理念，具有较强的生态伦理价值。

第一节　西南少数民族语言中的水

语言是文化的载体，在一定程度上，语言不仅是文化的媒介，更是文化本身。语言以其物质载体——音素、音位、音节、音律、词法规则等，有效地表达着丰富的民族文化内涵。语源学的考察及推原方法，往往是追究词源以及文化习俗起源的有效方法之一。水作为一种不可或缺的重要的生活资料，各民族无一例外地有着各自的界定及其命名。考察各民族语言中关于水的界定及其命名，可一窥各民族对水的观察、认识、思考、态度及其应用规律。通过解读各民族对水的命名、思考、认识、态度及其应用，追溯各民族传统水观念、水信仰形成的源头及其内涵，可以全面揭示和分析各民族水文化的内涵。

彝族先民大致分布在四川安宁河流域、云南洱海周边及其海东流域、滇池地区与滇东北地区。彝族世代繁衍、生息在西南云贵高原和康藏高原东南部边缘地带。彝族聚居区富有高山、溪流、湖泊、坝塘。在这个区域内，山川相间，河流纵横。有巍峨的大雪山、大凉山、乌蒙山、哀牢山、无量山等高耸的群山；有汹涌奔腾的大渡河、金沙江、雅砻江、安宁河、澜沧江、元江、南盘江等河流；有碧波荡漾的滇池、洱海、抚仙湖、星云湖、杞麓湖、异龙湖等高原湖泊。彝族先民"逐水草而徙"的生计方式，使其世代沿着水流、水域而徙居。自然丰沛的水资源与水环境，加深了彝族对水的认识、思考及理解，形成了彝族独特的水观念和水信仰。

图 3-1　西南彝区山路　　　　　（黄龙光　摄）

彝族先民对水有特殊感情，并赋予其特殊称法，称"水"为"矣""易"。《汉书》《蛮书》记载的彝族先民分布地域有"东泸，古诺水"及"若水"，彝语谓"黑"为"若（诺）"，故称"若水"为"诺矣"，即"黑水"。这是"水"给彝族先民造成的强烈的文化记忆。总之，彝族先民生存依赖于水，转而崇拜水，生活靠水，转而崇水，从而产生水生人的思维，此原始思维普遍保存于藏彝语族羌人后裔中。[①]万物源于水，水不仅创造了天地万物，水还衍生了人祖。这是彝族朴素唯物意识的启蒙，表明其崇水、敬水的观念及信仰，早已上升到一种哲学的极致表述。

图 3-2　彝族山地油菜花　　　　　　　（黄龙光　摄）

---

① 王天玺、李国文：《先民的智慧——彝族古代哲学》，昆明：云南教育出版社，2000：190~191。

　　精子和卵子一结合，就开始一个生命的孕育。彝族对精液和卵子的特征以及它们之间关系的认知，明显带有水化的痕迹。彝语中"精液"为"曲依"，即"银水"，"卵子"为"史依"，即"金水"，彝族认为"金水"和"银水"都是人体最宝贵的部分。云南彝族史诗《赊豆榷濮》中《人类六祖》一节，极富诗意地赞颂了女始祖的"金水"（卵子）：

> 　　妣水是金水，金水清又清，妣清人能言，妣清人智慧。妣水是金水，金水长又长，水长裔繁衍，水长育六祖……妣水是金水，妣水清又长，祖魂庇妣魂，妣裔妇人传……①

　　正是女始祖清又长的"金水"（卵子）与"银水"（精液）结合，才孕育出了人类六祖，从此代代繁衍，生生不息。

图3-3　红河哈尼梯田村寨　　　　（黄龙光 摄）

---

① 《赊豆榷濮》，朱琚元等译，昆明：云南民族出版社，1987：6~7。

　　彝语中"魂"为"耶纳"，"耶"为"倒影、影子"，彝文"耶"写成像水里的倒影。"纳"为"魂魄"，彝文"纳"写成状如水波纹的"- - -"。从彝语和彝文字形结构上，均说明水与魂之间有着一种亲密关系。水是孕育生命的源泉，彝族民间举行的"招魂仪式，常在溪边进行，或于家里简单放一碗水象征湖泊，从水里将魂唤出来，使其在招魂毕摩的引领下，披荆斩棘一程程回到家中"[①]。彝族灵魂观认为，人的灵魂和水休戚相关，水是生命的源泉，更是灵魂的渊源，而灵魂是生命延续的根本。所以，不仅在"招魂、附魂、安魂、送魂"仪式中需以水为媒介，同时人要像"护魂、安魂"一样，在日常生活中敬水、祭水、惜水、护水。

图3-4　西双版纳独木成林　　　　　　　（黄龙光　摄）

---

① 蔡富莲：《彝族的水崇拜》，《贵州民族研究》，1997（2）。

在傣语中，"清水""井水""箐水""冷水""热水""洪水"等各种不同的水对应着不同的命名，说明傣族对水及其属性有着深入细致的观察、认知、分类与命名。傣语称"土地"为"喃领"，"喃"为"水"，"领"为"土"，"喃领"即"水土"，水土紧密结合，有水之土方可孕育植物生长，才能成为有价值的土地，一方水土养一方人，揭示了水及其灌溉在傣族农耕生产和社会生活中的重要性。傣族对森林、水源、田地、粮食与人之间的逻辑关系有着清醒的认识，即没有森林就不会有水，没有水就不会有田地，没有田地就不会有粮食，没有粮食就不会有人类。因此，人类以及所有生命源于水，水对于人类的生息具有至关重要的意义。"人类必须保护森林、水源和其他生物。傣族建寨选址必须满足山林、水源、平坝（垦田）三个条件。"[①]

图 3-5　红河哈尼梯田　　　　　　（黄龙光 摄）

---

① 刀国栋：《傣族历史文化漫谈》，昆明：云南人民出版社，1992：41。

林、水、土（地）构成了一个完整的小型水生态系统。加上人，便构成了一般意义上一个完整的自然—社会生态共同体。彝族、哈尼族、壮族、苗族、布朗族、侗族等民族，也意识到森林与水土之间的共生关系，但傣族关于林、水、田、粮、人的生态链认识和理解，却是对于林、水、田、粮、人之间逻辑关系的独特梳理和价值认定，说明源于稻作文明的傣族文化对水的依赖和渴求，有着超乎寻常的重要意义。

一个火的民族和一个水的民族，彝族和傣族关于水的界定及命名尽管各有特点，但都在强调水对于民族自身异乎寻常的重要性。彝族将水与人类孕育后代的精子与卵子相比拟，把水与灵魂等同起来，一下子把水的地位提升起来。其蕴含的道理很简单，就是"没有水就没有我"。傣族将生态食物链结合起来认识水，而且前推到森林

图 3-6　傣族神树　　　　　　（黄龙光 摄）

这个水源养育库，有林才有水、田、粮，最后有人。其中，水无疑是最重要的资源和环节。其蕴含的道理也很简单，就是"没有水就没有我"。所以，要像善待自己一样，善待水及大自然，才能与天地自然和谐共生。这虽然多少带有一些功利色彩，最终指向目的是民族的繁衍、生存和发展，但却蕴含着独到的文化价值和生态意义。

第二节　西南少数民族的水崇拜

作为水文化的源头，关于水的各种信仰，是少数民族水文化的核心观念与意识形态，它与少数民族各种水祭仪式一道，统领着少数民族水文化系统中的用水技术和管水制度。纵观少数民族水信仰的内涵及其表现形式，水创世和灭世、水生人祖和灭人祖是基本的母题。创世和灭世两大主题，构成一种相互对立的文化行为及结果。少数民族自古以神话、史诗、古歌等神圣形式，强化着人们关于水的历史记忆，并进行崇水、敬水、爱水、惜水的水文化传承与教育。这种传承与教育的方式，就是将其融入他们日常生活的方方面面，对于每一个族群成员来说早已沁入骨髓，植入其文化基因。水信仰中刻意突出"创世"与"灭世"两大母题，无疑将水的重要性及其对人类的价值，神话化地强调到一种关乎人性以及道德训诫的地步。

彝文经典《彝汉教典》载：

> 江河纵横流，条条入大海，世上有万物，会动会长的，哪样离得水。……世上有万物，人缺水不行，畜缺水不行，兽缺

图 3-7　壮族神树　　　　　　　　　（黄龙光　摄）

水不得，虫缺水不行，五谷缺水不行。[①]

《勒俄特依》（《天地变化史》）中说：

> 天地还未分明时，洪水还未消退时，一日反面变，变化极反常，一日正面变，变化似正常。混沌演出水是一，浑水满盈盈是二，水色变金黄是三，星光闪闪亮是四，亮中偶发声是五，发声后一段是六……[②]

世间万物与人，没有哪样离得了水。天地变化始于水，水生万物，

---

① 云南省社会科学院楚雄彝族文化研究所：《彝文文献译丛》（总第 10 辑），铅印本，1992：40~41。

② 转引自王天玺、李国文：《先民的智慧——彝族古代哲学》，昆明：云南教育出版社，2000：92。

这反映出彝族古代生物
进化思想中朴素的"水
生"情结，也属于一种
原始的唯物史观。

哈尼族创世神话讲
述，世间先有混沌的雾，
后翻滚变成海，海生巨
鱼，鱼造天地，接着造（7
对）神和（1对）人。[1]
哈尼族迁徙史诗《哈尼
阿培聪坡坡》说，人祖
和动物都起源于水：

大水里生有
七十七种动物；先

图3-8　彝族咪嘎哈神树（黄龙光 摄）

祖的诞生也历经七十七万年。先祖的人种种在大水里，天晴的
日子，他们骑着水波到处漂荡。[2]

接着，如蜗牛、螺蛳等水族样的人种爬行、漫步在大水中，历经换父
换母23次以后，才变成始祖塔婆，开始繁衍人类。因此，在哈尼族
水祭仪式中，往往要祭拜鱼、螺蛳、螃蟹、青蛙等水族，不仅出于它
们作为水源的能指表征，也源于其水生始祖曲折记忆的所指象征。

---

[1] 李子贤：《云南少数民族神话选》，昆明：云南人民出版社，1990：119。
[2] 朱小和演唱：《哈尼阿培聪坡坡》，卢朝贵翻译，史军超、杨树孔、卢朝贵
搜集整理，《山茶》，1983（4）。

图 3-9　哈尼族阿俣欧滨圣水　　　　（黄龙光 摄）

　　基诺族创世神话《阿嫫腰白》记载，宇宙间先有大海，海生创世女神阿嫫腰白。她开天辟地，创造人类，带来光明，创制文字，最后遇难。[1]创世神话里，往往设置"水先有、先验存在"的叙事逻辑，然后展开"水生万物、人祖"的叙事情节。《古老的荷花》说，远古时候没有天和地，到处是茫茫的大水。纳西族神话略有不同，说天宇间先有天地万物，包括日、月，因阴阳混沌，黑白不明，后有了海洋，海洋生出山峰。海洋生出人类祖先。所以东巴经里常诵："大海作变化，化生人祖先。"[2]拉祜族创世史诗《根古》说，"宇宙间混沌未开，天神厄莎自雾露出。天神厄莎汗垢造鱼支撑天地，用左、右眼造日、月，又造满天星斗。天神接着种养葫芦，葫芦始生人祖。"[3]纳西族"大海生人祖"说，离不开（海）水的生殖力和生

---

[1] 《中国各民族宗教与神话大词典》，北京：学苑出版社，1993：353。

[2] 宋兆麟：《中国生育信仰》，上海：上海文艺出版社，1999：416。

[3] 《中国各民族宗教与神话大词典》，北京：学苑出版社，1993：353。

命力。拉祜族史诗叙述，雾露生成天神厄莎，天神汗水变成雨，天神以葫芦培育人，也少不了（汗）水（雨）的参与。这里，雨水滋润农作物生长、水化育万物人类的生命力，被无限想象。

《彝族氏族部落史》说："六祖水中出，吾自从中来。"[1]滇南一带彝族也认为，自己的祖先是从水里出来的，因此，至今还有不少人将水生动植物

图 3-10　傣族神井（黄龙光 摄）

作为自己祖先的图腾加以崇拜。如新平县鲁奎山普氏族的图腾为石蚌，其亚宗支有的以生长在水里的细芽菜（又名"田字菜"）作为自己的图腾。[2]由此可见，彝族认为人（祖）是从水中演化而来的。在人类自身的生育过程中，彝族较早地认识到"金水"（卵子）与"银水"（精液）结合的重要性。云南南华彝族民间婚嫁《解咒经》说，人类"儿孙身上来"，但人类的"身子"则由"水上来"。[3]在彝族谱牒的叙诵中，谱系也是由水而开始的。凉山什列氏族这样叙谱：

① 杨凤江译注：《彝族氏族部落史》，昆明：云南人民出版社，1992：3。

② 参见聂鲁：《鲁奎山彝族图腾制》，《云南彝学研究》（第一辑），昆明：云南民族出版社，2000。

③ 罗开尧口述、徐升译、陈维礼整理：《彝族婚嫁解咒经》，《金沙江文艺》，1986（2）。

　　远古的时候，祖先居水域，水曾拜为神，祖先有福禄，子孙也兴旺；从此以后，水也拜为祖，世系从水始，水谱为祖谱。[①]

　　水谱为祖谱，将水和祖先等同起来，不仅源于彝族传统祭祖大典中取福禄净水仪式，也源于他们将福禄水源（地）与家谱谱系对等认同的习俗。"水也拜为祖""水谱为祖谱"，这样就把水与彝人拉近到了一种血缘关系，将水认为祖先进行崇拜和敬祀，形构后人祭祀祖先、祖先庇护后人的一种互利互惠的关系。因此，在招魂、祭祖等各种祭祀仪式，甚至婚丧嫁娶等人生仪礼中，都少不了水的参与，由此强化着彝族与水之间这种超乎寻常的血缘认同。

图 3-11　云南抚仙湖畔龙王庙　　　　　（黄龙光　摄）

---

① 什列·伍合尔基：《凉山彝族系谱的民族学意义》，《彝族文化》（年刊），1987：158~159。

在西南少数民族洪水神话中，洪水作为人类所遭受的大灾害，早已成为一种民族的历史记忆，难以磨灭。在神话和史诗中，洪水大灾害发生的原因解释，不仅将其归咎于自然，而且将其归咎于人类自身道德、人伦丧失后神所施以人的一种严惩。神话史诗叙诵的大洪水灾害现场极其惨烈，往往对人造成一种强烈的冲击和无形的震慑，因此给人类留下的教训也就异常深刻。彝族和傣族都属于口头传统比较发达的两个西南民族，其洪水神话所描述的灾害发生时的场景也最具代表性。

彝族史诗《洪水泛滥》中叙述道：

> 绿龙守海边，红龙守海尾。龙手把雨洒，龙尾卷乌云。龙嘴吐黑风，雨点鸡蛋大，雨线牛绳粗。下雨七昼夜，又加七昼夜。……海水流不出，海水顶着天，海水白茫茫，银箱不浮水，金箱水下落，木箱水上漂，木箱顶着天。水满满三次，天干干三回，天地换三次，日月换三对，云星尽三回。水满长青苔，泥鳅天际跳，黄鳝穿山鼻，青蛙天上叫，水鸭天上飞，鸭头顶着天。麂老黄澄澄，麝老树上臭，蛙老倒斤斗，动物都不剩，人也不剩了。[①]

彝族史诗《洪水泛滥》所叙述的洪灾及其场景，早已成为民族历史记忆的一部分，几乎进入了所有彝族仪式的文学经典中。图腾祭祀、祖灵祭拜、丧仪超度等各种经籍及其口头诵唱中，开篇往往少不了诵唱洪水泛滥及人祖再生，以此进行对祖源、族源的追根溯源，同时借仪式现场的神秘、神圣威慑力，即时对后代人进行有关道德、

---

① 云南省少数民族古籍整理出版规划办公室编：《洪水泛滥》，昆明：云南民族出版社，1987：41~42。

人伦以及水文化的教诲与承传。

在刀承华教授考察的 24 个傣—泰民族神话中，共有 7 个叙及洪水灾害。流传在德宏地区的一则神话说，远古时候烧了 7 天 7 夜的大火，接着又发了 7 天 7 夜的洪水，到处一片汪洋，天神从天上撒下一个蜘蛛网，蜘蛛网浮在水面上，长出水皮、青苔、杂草，又粘了许多泥土，才渐渐形成了地面……另一则神话《人从葫芦出》说，远古时期洪水泛滥，到处一片汪洋，水上漂来一个大葫芦，葫芦撞在一块大石上，裂开后从里面出来 8 个男人。[①]

图 3-12　彝族祭龙神碑　　　　　　（黄龙光　摄）

---

① 刀承华：《傣泰民族创世神话中的原始观念》，《民族文学研究》，2005（3）。

"水孕育了先民的生活和生命，也同样威胁着先民的生存，洪水暴涨和雨水不止严重地破坏了先民的农耕生活并危及生命，因而，洪水灾害自然而然地成了先民最恐惧的历史记忆。"[1]彝、哈尼、纳西、白、普米、基诺、傈僳、怒、独龙、黎、水、仡佬、苗、傣、壮、侗、瑶、佤、布朗、阿昌、景颇族等民族均普遍存有洪水神话。少数民族洪水神话，不仅强调了水天生所具有的难以控制性，以及这种难以控制的（滔天）水所带给人类的灭世灾害。更为重要的是，在神话史诗演述中，洪水暴发是因为神考察人间发现了人们浪费、糟蹋粮食，不行善不积德，不敬天不祭祖等自身的堕落，于是怒发洪水，灭世灭人祖，用洪水荡涤人伦道德上的污垢尘埃，神再选人祖使其复归神性，并再育人类。这个以水而叙的神话道德隐喻，无非是在强调要敬畏自然，与人为善，方能重建人与自然和谐、人与人和谐的良俗美序的社会。

第三节　西南少数民族的水祭祀

西南少数民族各种水祭仪式，是表征其水文化神圣存在的形式与载体，更是少数民族群体水事、水务最重要的集体性活动。周期性水祭仪式的举行，在社群内、外部以及每个民族成员内心，充分突出了各路主管水源、雨水神祇的地位及威望。水祭仪式是传承水信仰，实现水管理的一种社会习俗与文化策略。西南少数民族水祭的神祇，包括天神、地神、山神、寨神、林神、水神、龙神等。水祭仪式活动中各种身份等级的参与者，通过践行一系列不同的分工

---

① 余敏先：《中国洪水再生型神话的生态学意义》，《淮南师范学院学报》，2011（5）。

协作，不仅实现了水文化的传承与教育，而且实践和规约着水环境、水生态的严格保护，顺利有效地满足了群体对"公共水利"的利益诉求。

彝族《呗耄献祖经》①记述了对雕、鹞、水、森林、江河、野草、悬崖诸神的祭拜。贵州彝文典籍《献酒经》列举了13种自然神的名字，人们要对其一一祭拜：

> 神神13种，献酒到座前，天神是阿父，地神是阿母，原神银幕穿，野神全帐围，树神白皎皎，石神黄焦焦，岩神乌鸦翅，水神鸭以祭，露神露浓浓，雨神雨淋淋，光神光明明，雾神雾沉沉，坑神气熏熏。②

彝族一般认为水神主管水源，同时也有山神主管雨水之说。云南鹤庆西山彝族有"浴山神"的习俗。山神在西山彝族心目中，是人类和万物之主宰。若遇天旱或地方多灾多难，人们就要举办浴山神的巫术仪式，祈求山神降雨消灾。是时，由"西波"带领人们，拿着用竹筒做成的水枪，汲足泉水，边念巫咒，边往山崖上喷射。在人们的意念中，山崖就是山神本人，用水枪喷射山崖，犹如刺激山神，就可使他给人间降雨，为人间消灾。③

---

① 《呗耄献祖经》，是彝族呗耄做仪式时念诵的经书，叙述呗耄的渊源及沿革。
② 丁文江：《爨文丛刻》（甲编），上海：商务印书馆，1936：128。
③ 章天柱：《鹤庆西山彝族"西波"教》，《云南彝学研究》（第九辑），昆明：云南民族出版社，2012：134。

图 3-13　彝族迎龙神归来　　　　（黄龙光 摄）

彝族俗尚祭龙。民国初，云南峨山籍画家董贯之绘制的古滇风俗图中描述道：

> 祭龙，"夷民"视为祈福避荒之要典，十室之邑皆奉行之。每逢春秋两季，择辰日就密林中认一大树为神，束松枝其上，处设香醴并牛羊豕各一，"夷众"各新冠服向树叩头。朝夕即会食林中，大烹湇肉，尽欢而散。所祭的树名祭龙树，枝叶不许折伐，以触神怒。男女有恙，即向这树祷祈，绝不医药，谓树神我佑而病自愈矣。[①]

昆明西山谷律一带彝村，凡立夏以前不下雨，村人便出钱买两只鸡和两只羊，去泉水旺盛的地方祭水。祭法是先用烧红的木炭放

----

① 参见董贯之：《古滇土人图志》，转引自《峨山县文史资料选辑》（第三辑），1990。

图 3-14　侗族神树祭祀（刘兴禄 摄）

入冷水中，以蒸腾的热气驱除鸡、羊身上的邪秽，而后宰杀，并煮熟供在水边。同时，砍三杈形松枝一根，蘸点鸡血，捆一撮鸡、羊毛，插在水边，供以酒饭，点香叩头，求水神降雨。[1]弥勒彝族阿细人祭龙神（水神）在农历三月，为期两日，每年轮流由两户主办，仪式隆重。祭时山林中三棵树，以中间为主村神，左右两棵为一男一女，杀猪一头，公鸡两只（或一公一母），每户家长携一碗米，共同煮吃，由主祭将猪头祭龙神，保佑龙塘水永不干涸。然后，参加者共同聚餐，每户带回一份肉。次日，主办者再杀猪，招待全村亲友前来聚餐，每户亦带肥瘦肉一块、米一碗、酒一碗，前来赴宴。[2]

　　布朗族是一个崇尚多神的民族，天有天神，山有山神，水有水神，村寨有村寨神。每个布朗族村寨周围，都育有一片被称作"竜林"的密林，密林深处有一棵被称作"竜树"的古树，树下简易搭有一个祭坛。竜林是神圣的祭祀空间，任何人进入竜林都必须脱鞋，严禁穿白色的衣服，不得大声吵闹，严禁砍伐树木，就连林里的石头

① 何耀华：《彝族的自然崇拜及其特点》，《思想战线》，1982（6）。
② 杨毓骧：《弥勒阿细人的社会文化》，《民族调查研究》，1986（2）。

和枯枝也不能带走。祭祀当天，祭师带着两名助手，率领每户一个
男人，提着羽毛纯色的公、母鸡各一只，携带蜡烛等用品来到竜树
下生祭。接着，带领大家宰猪、剽牛。待整只鸡、猪头和米煮成烂饭，
带上酒、茶，盛在盘中端到竜树下熟祭。祭师念诵祭祀辞，其中有"叩
请天神驾起神舟，降临勐卯曼麻、曼勐等罕。天神的神舟从勐卯江，
漂过耿马大坡，带来孟连和勐允的水"[①] 等内容。

图 3-15 彝族龙神祭祀 （黄龙光 摄）

傣族笃信万物有灵，在他们的观念世界里，林、水、地等所有
的自然物都附有神灵。这些"涉水"的神灵谱系有着一定的阶序，"绿
哈丢瓦达"树神排第一，"埔麻丢瓦达"土地神排第二，"蛇达"
水神位居第三。树林、土地、水源的先后排序，符合林、地涵养水
源的自然生态运行逻辑，说明傣族对水的自然属性的认知比较科学，
同时将这种独特的地方性知识提升到原始信仰的高度进行传习和实
践。要持续保有充足的水源，才能保证水田的稻作丰产，也才能保

---

① 陈开心：《布朗族祭竜》，《今日民族》，2012（5）。

证傣族村社的人畜兴旺。因此，必须崇敬这些神灵，以膜拜或禁忌等方式协调人—神关系。如果破坏和侵犯了森林、田地和水，也就意味着触犯了附于其上的神灵，自然和神灵都将以各自的方式报复和惩罚人类。[1]客观的认知和主观的想象，双轨并行，终殊途同归，旨在保护森林，涵养水源，灌溉稻田，润泽民生。

图3-16　彝族咪嘎哈祭祀　　　　　　（黄龙光　摄）

傣族村寨每年放水犁田备耕时，须举行一年一度的放水、祭水神仪式，主要目的在于检查沟渠是否通畅，以保证流水入田，能顺利犁田栽秧。祭祀时水倌要备好鸡、酒等丰盛的祭品，当众宣读水神祭祀辞。放水仪式为了测试备耕修渠是否合格，从公共大沟水头村寨顺水流放下竹筏，上挂简易黄布帆，漂到水尾村寨后，将黄布帆拿回放水处祭拜，表明沟渠通畅，修渠补漏合格。除了各主要沟渠由所属村寨组织祭祀外，总水倌"召龙帕萨"还要主持对所有沟

---

[1] 郭家骥：《西双版纳傣族的水信仰、水崇拜、水知识及相关用水习俗研究》，《贵州民族研究》，2009（3）。

渠的总祭仪式。[1]景洪闷遮来水渠按传统每三年祭水神一次。祭水神的牺牲是一头猪，其费用由水渠浇灌的所有田户均摊，各村派代表参加现场祭祀仪式，见证、监督和保证沟渠放水通畅。水神祭祀辞中，包括敬请水神保护沟渠，保证其不渗漏、不塌陷，水流无阻等内容。傣族传统水神祭祀和放水仪式结合，都作为修渠、护渠，保证水流通畅的积极施为，不仅客观上维修、管护了灌溉沟渠等水利设施，主观上也满足了人们对水幻化的超人、超自然能力的虔诚诉求，其中还通过水馆地位的神化顺势将其管水的身份合法化。[2]水神巡查与公推水倌"板闷"管理的文化制度，作为一种神圣与世俗相结合的双重保障措施，保证了水源、水渠、水沟的畅通，保证沟渠所流经村落的水利、水务有效、顺捷，极大地促进了傣族稻作经济的长效发展。

图 3-17　哈尼族昂玛突祭祀　　　　　　（黄龙光　摄）

---

① 郭家骥：《西双版纳傣族的水信仰、水崇拜、水知识及相关用水习俗研究》，《贵州民族研究》，2009（3）。

② 徐亚非、温宁军、杨先明：《民族宗教经济透视》，昆明：云南人民出版社，1991：20。

　　云南富宁、广南、西畴等县的壮族，在每年农历三月首个辰日
日上山头时，寨中长老带领青年男女，携带鸡、鸭、腊肉、糯米染饭、
酒等丰盛祭品来到水边祭祀水神。祭祀仪式由长老主持，众人皆面
水肃立。主祭长老向水神念诵祭祀辞，主要是感谢水神护佑，没有
旱涝灾害危害村寨，祈祷水神在来年继续给予护佑等内容。仪式结
束后，所有参加祭祀的人就地分享祭食，象征接福得佑。同时，人
们还要清理、疏通河道、水源、泉眼等，保证水源充足，水流通畅无阻。[①]

图 3-18　西双版纳傣族塔林　　　　　（黄龙光　摄）

　　哈尼族对水神的祭祀，有以集体为单位进行的公祭和以家户为
单位的私祭。公祭是祭祀村社公用的公共水源、水井（泉）。私祭
一般在每年稻谷扬花时，各家户在田门水口或田间泉源处祭祀水神。

① 吕大吉、何耀华主编：《中国各民族原始宗教资料集成：土家族卷·瑶族
　卷·壮族卷·黎族卷》，北京：中国社会科学出版社，1998：511。

村社水源公祭,一般由"摩匹"① 及其两名助手主持仪式。牺牲一般为鸡、鸭各一只,摩匹念完祭辞,助手现场宰杀鸡鸭,把少许鸡肝、头、爪、肠、肉放在井台或泉边,参祭男性依次向泉源处叩头后,就在井边宽阔处就餐。此外,水神公祭还有对沟水、河水、田间泉水的不定期祭祀。农户私祭主要体现在田间水口的祭祀上。每年禾苗打苞时,择日行祭。宰杀数对公、母鸡,在田

图 3-19　佤族龙摩爷神碑（黄龙光　摄）

间水口处设祭台。祭仪也往往由男性家长主持,祭时念一些祈祷水神的祷辞,祈求水神保佑庄稼丰收。② 不论公祭还是私祭,哈尼族对水井、水沟、田间水口的祭祀,无疑是对村落公共水源、水流的一种神圣化管理。对于每一个村民来说,这种水神祭祀不仅是一种神圣义务,而且是保证其梯田稻作经济延续和发展的一种古老的社会制度。

西南少数民族的传统水祭,包括了对山神、水神、沟渠神、龙

---

① "摩匹",哈尼语,为祭司,男性,神职世袭。

② 吕大吉、何耀华主编:《中国各民族原始宗教资料集成:傣族卷·哈尼族卷·景颇族卷》,北京:中国社会科学出版社,1998:238~239。

图 3-20　佤族祭场牛头架（黄龙光　摄）

神等各路涉水神祇的一系列祭祀。他们将水祭扩展、延伸到山、水、沟渠、水口、龙神等水所存在和流经的空间和载体，同时也体现了少数民族对水土生态系统的一种整体观照。"涂尔干所定义的宗教，不仅包括信仰还包含仪式，他认为仪式的目的在于不断重新加强个人属于集体的观念，使人们保持信仰和信心，使共同体维持下去。"[①]作为原始宗教中自然崇拜的典型代表，西南少数民族水信仰及其祭祀仪式活动，不仅具有神圣地强化民族成员的集体观念，并使其紧密地归属、凝聚成一个社会整体的社会功能，更为重要的是，水祭仪式的顺利与否，还被视作直接关乎民族群体的整体福祉和集体利益，不仅个人要归属于整个社会共同体，而且个人连同社会群体都要归属到以水为核心的人—水生态共同体中，最终凝结成一个人与自然和谐共生、互动互利的大生态系统。

---

① 王铭铭：《西方人类学名著提要》，南昌：江西人民出版社，2006：98。

第四节　西南少数民族的水禁忌

如果说西南少数民族水信仰是其水观念的内蕴精髓，水祭仪式是水信仰的外在形式及外化结构，是将水信仰的内涵进行时空具体操演的过程及其结果，是一种人—神缔结契约的安排和处理，那么水禁忌则是维系和保障人—神关系的一系列神圣规约和禁律，是水信仰、水祭仪式及其神圣性的一种保障机制。禁忌是一种自我约束的文化产物，对社会成员具有一种"违法必究"的权威性。西南少数民族水禁忌往往以水神的名义，以一旦违禁将给集体及个人带来不良后果为威慑，对所有民族成员具有规约性和强制性。事实上，水禁忌不只局限于对水源的保护，有的甚至已渗透到社会公共秩序的深层维护、维系上，成为建构和强化社会公共道德有力的文化武器。

图 3-21　彝族穆柯玛祭祀献牲　　　　（黄龙光 摄）

水神是傣族传统信仰的主要神祇之一，他们认为万物有灵，水里住有神灵，水有灵魂，由此产生了一系列具有生态伦理思想的传统禁忌。如不准在河里便溺、不往河里倒垃圾、不滥捕产卵期鱼虾；保护竜林、水源林，不乱砍滥伐林木，在寨边、水井周围植树；开沟犁田插秧前要祭水神，意为让水神查巡沟渠通畅与否；水井上要为井神搭建凉亭，并加以日常维护。水井边上不准洗浴、浣衣，汲水须用公共水瓢。严禁牲畜在水井饮水，否则其主人必受惩罚。须定期清扫水源，淘洗水井等。违反者将受到严厉的"洗寨子"等惩处。这些传统水规和禁忌，不仅用文字和图画的形式刻画在井亭墙壁上，而且还活在人们的口头上。凡是享用井泉水源的人，不论村内寨外必须无条件恪守，否则不仅将给全村人带来水源污染、干涸的后果，而且会便违禁个人和家庭时运不济，惹上灾祸。

彝族认为，产妇不满百日不能串门或到井里打水，不能在河边洗衣。忌伐龙树，认为龙树的好坏关系到族人的兴衰贫富，故严禁去龙树林区伐木、放牧。忌在出泉水的塘子里洗手洗脚，认为如果污染了水井，龙王就会发怒，违者轻则病，重则死，甚至会招致洪灾旱灾，致使村庄粮食无收。[1] 相传武定县猫街石板河彝村对面有一个很清秀的水塘，水源很旺盛。有一次，村人在此水塘里清洗牛肠子，亵渎了神灵，此后这水塘就干涸了。[2] 水井是全寨的圣地，寻常不许人就水洗手洗脚，不许人就井洗衣洗裤，不许拉屎入井。如有违者，老奶奶们咒其短命，寨里当公事者要罚其洗井、修井，并在祭龙日忏悔。[3]

---

① 张德元：《彝族禁忌述略》，《彝族文化》（年刊），2002（2）。
② 李荣祥：《楚雄彝族水文化与可持续发展》，《凉山民族研究》（年刊），2012。
③ 李朝旺：《云南石屏彝族的"习惯法"》，《云南彝学研究》（第九辑），昆明：云南民族出版社，2012：441。

图 3-22　彝族穆柯玛祭祀撒谷种　　　　（黄龙光　摄）

红河、元阳等地彝族《祭水经》诵道：

> ……寨边清洁水，村旁清秀井。男女又老少，来往的地方，不许母猪来拱，不许母牛来踩，不许母马来闯，不许母羊来审，地鼠切莫来打洞，黄狗切莫来拉屎，乌鸦切莫来搭窝，蟒蛇切莫来生产，不许你们来，不许你们近。寨边清甜水，村旁清秀水，终年要清洁，四季要清净。天天淌甜水，时时淌洁水。我们人啊，一年又一度，清洗又扫尘，公鸡献供你，母鸡祭供你，祈求出甜水，祈求出洁水。①

为保证井（泉）水清洁，一律禁止母猪、母牛、母马、母羊、地鼠、黄狗、乌鸦、蟒蛇等来审闯、打洞、搭窝。这样才能"终年要清洁，

---

① 吕大吉、何耀华主编：《中国各民族原始宗教资料集成：彝族卷·白族卷·基诺族卷》，北京：中国社会科学出版社，1998：89~90。

四季要清净"。为保证井（泉）"天天淌甜水，时时淌洁水"，不仅要清洗、扫尘，还要用公鸡、母鸡献祭水神，祈求井（泉）常年淌出清甜水。为什么母的不允许来扰井泉，就如同其他地方禁止女性、产妇来井泉边用水同理，当地人往往认为女性代表着不洁，将其生理上的月经视为污秽的一种移植。

彝族认为古树、老树有树精、树神，砍伐古树、老树，树神、树精会怪罪。果树无论大小一律不许砍伐，否则必遭罪。[①]2008 年 12 月的某一天，云南省峨山县塔甸彝村 SSM 将自家地旁近 50 多年树龄的五眼睛果树砍倒两棵，当即有人报信到组里，组里马上开大会协商处罚。五眼睛果树是野果树，加上是村寨东南向风水界树，人们认为砍伐风水树破坏了村寨的风水。老人们坚决要罚 5000 元，后因其家穷定为罚 2000 元，其儿子仍认为罚得太重。主事老人义愤填膺地说："这样的话，你们家一分钱也不消出了，请你把我们的树像以前一样栽活过来弄好！你是不是犯羊痫风，竟敢砍这棵风水树！？"[②]虽然当地现代社会群体凝聚，社会团结，平日里看似松散，但一旦事关村寨的整体利益，特别是涉及村寨文化生态时，寨老们的权威和群体的力量，可立刻与现代政治力量一起，即时形成有效维护村落权益的双轨管理。

---

① 黄龙光、白永芳：《彝族民间林木崇拜及其生态意义——以峨山彝族自治县为例》，《西南民族大学学报》（人文社会科学版），2013（2）。
② 访谈对象：WYM，男，彝族，1966 年生，农民。访谈时间：2012 年 2 月 27 日。访谈地点：塔甸五组。

图 3-23　哈尼族昂玛突祭祀牺牲均分　　（黄龙光 摄）

哈尼族认为，不能在水田的入水口用锄头敲打；严禁在寨神林里放牧，或砍伐林木；禁止育龄妇女进入寨神林；禁止追捕窜入寨神林的动物；严禁跨过寨神林竜树下祭坛及寨神石；严禁跨过林中炊煮祭食的锅庄石。忌讳在河里、沟里洗刷任何盛饭和谷物的器物，否则会洗跑谷魂。^①墨江县哈尼族规定，严禁村寨水井周围便溺，不准在井边打水洗脚。严禁狗在水井洗澡，否则会亵渎井神，水井从此将枯竭、断水。^②红河绿春阿倮欧滨，是哈尼族古歌《都玛简收》中所唱天神祖先所赐十二股泉水的水源林地。它以古歌的形式定下

① 吕大吉、何耀华主编：《中国各民族原始宗教资料集成：傣族卷·哈尼族卷·景颇族卷》，北京：中国社会科学出版社，1998：309~311。
② 郑晓云：《云南少数民族的水文化与当代水环境保护》，《水文化与水环境保护研究文集》，北京：中国书籍出版社，2008：29。

了规矩和禁忌:

> 一年一次来磕头,十二个月中来一次,选择好的月份是二月,东仰阿保地方的哈尼人,窝托大寨的咪谷是主祭。一寨三人或五人,只能是单数不能是双数,只能是男子不能是女人。家庭不干净的人不能来,祖上有刀枪火烧死的人不能去,聋哑盲人不准来,四肢残缺的人也不能去,不然会吓跑阿保欧滨的神灵,不然会亵渎阿保欧滨的威严。不能穿着汉人制作的缎子洋布,只能穿上哈尼妇女织的黑布衣,穿着三排长的黑色包头,穿黑色粗布的内衣,裤子是黑色粗布的宽裆裤,脚上穿的是黑布鞋。[①]

哈尼族传统文化源于其延续千年的梯田稻作经济。梯田稻作的生产及村寨引用水必须靠森林养护水源,而每个哈尼族村寨的寨神林是森林的腹地及其核心。哈尼族认为寨神林是寨神的神秘领地及管控空间,这些寨神林禁忌和年度寨神祭祀仪式一道,严格地维护着哈尼族梯田稻作生产用水的命脉。水井是哈尼村落公用的日常饮用水源,必须保证水源充足,水质清洁、干净,当然不能允许在水井边打水洗脚、洗澡。

大理白族民间禁忌规定,在渔船上不能打蛤蟆、水蛇一类的动物,否则会得罪水神、龙王。兰坪维西白族那马人在每年 6 月 6 日—8 月 8 日封山育林举行祭山神期间,禁止上山砍柴、破竹子、伐木、解板子、采松明子,违者会得罪山神,招来暴风雨的袭击。七月十五日中元节,回家过节的祖先要到水塘、河中喝水,禁止这一天到这里

---

① 白门普、白木者等演唱:《都玛简收》,卢保和、龙元昌翻译整理,昆明:云南民族出版社,2004:247~248。

洗衣服及其他物件,以免祖先喝到脏水,带来灾难。[1]白族渔民将蛤蟆、水蛇一类视为水族,作为水神、龙神的子民当然不能伤害,否则水神、龙神会迁怒于人。这显然是将水神、龙神人格化的结果。同样的道理,山里森林草木归山神管辖,一旦人们无故砍伐、采割,也会得罪山神,遭到山神的报复——暴风雨。禁止中元节到河里、水塘里洗衣物及其他物件,则完全出于人们对祖灵的崇敬,他们认为如果祖灵不能喝上净水,就不会庇佑后人,甚至带来灾难。怒族有很多传统禁忌,他们认为:

> 不祭山神,不能开荒;不祭地神,不能种地;不祭猎神,不能狩猎;不祭水神,不能捕捞;不祭谷神,不能收获;不祭树神,不能伐木。[2]

总之,西南少数民族水禁忌是各民族为了敬水、护水、用水、惜水、管水进行自我约束的一系列民俗规约,与民间习惯法等已具备民间法的雏形,具有民间法的权威性。虽然有些传统水禁忌内容,在"无神论""科学主义至上"的今天看起来显得荒诞甚至误谬,但如果我们将其与少数民族特殊的自然地理、历史背景及其社会生活环境联系起来,就会发现其存在的合理性。西南少数民族水禁忌,作为少数民族水信仰的一部分,因其神圣不可侵犯,具有较强的维护水环境、水生态的社会功能。

---

① 吕大吉、何耀华主编:《中国各民族原始宗教资料集成:彝族卷·白族卷·基诺族卷》,北京:中国社会科学出版社,1998:673~674。
② 杨元吉:《怒族传统音乐》,《民族音乐》,2006(4)。

小　结

　　西南少数民族的水观念、水信仰，是西南少数民族水文化系统的逻辑源头和内核特质，也是一种极富生态价值的本土环境知识与文化遗产。"这些环境遗产主要表现在民间的环境知识中，这一民间环境知识主要包括对自然环境的利用，对人文环境的控制和人与自然的协调理念。这一民间知识对于我们今天生态环境的保护和维系人与自然的和谐关系具有重要的意义。"①西南少数民族水信仰是一种极富生态价值的涉水环境知识、生态意识与环保实践合一的本土生态理念与知识，这种独特的原始宗教生态理念与知识，对水生态维护往往执行得最为彻底，因为它表现为一种非常态的神圣性召唤和威慑。西南少数民族水信仰的水崇拜、水祭祀与水禁忌等核心内涵，紧密结合，成为西南少数民族水信仰的内部结构，在现实的宗教生活实践中同时发挥一种整体的综合生态功能。西南少数民族水崇拜作为一套信仰观念和意识形态系统，水祭祀是这种宗教观的具体文化实践，特别是其中那些烦琐复杂的神秘仪式，神奇地将人与自然、人与神祇以及人与人、人与社会、社群与社群，通过一种仪式网络连接到一起，并在仪式时空下神圣地表征出来，使客体与主体、主体与客体一道，共同融为作为一个整体的水文化生态系统。而水禁忌作为一种水崇拜的神圣规约与神秘禁律，进一步起着神化水以及水事活动的作用，同时也通过一系列的威慑与规约，客

① 麻国庆：《"公"的水与"私"的水——游牧和传统农耕蒙古族"水"的利用与地域社会》，《开放时代》，2005（5）。

观上充当水环境保护、社会关系规约的一种内部文化机制。在水环境急剧恶化、水资源短缺、水问题层出的今天，我们尽可以用历史的眼光与文化相对主义的原则，批判性地继承历史遗留的少数民族水信仰文化，重建一种人—水共生和谐的生态关系。

第四章　西南少数民族的水技术

　　西南少数民族为了满足日常生产生活用水的需要，根据各自所处自然地理条件，因地制宜，充分发挥群体的聪明才智，发明、创造并传承了一系列独特巧妙且实用有效的用水技术。如果说水信仰是西南少数民族水文化的精神凝结，那么水技术就是其水务、水事技术及经验的物质积淀。水信仰中多少含有少数民族对水的主观认知，有的甚至是一种非理性的认识和臆想。但是，西南少数民族水技术，则完全是他们积极应对水环境而采取的一系列科学合理的技术与方法，是一种理性用水和治水的实用技能、技术的发明创造，是西南少数民族水文化内涵中最具技术含量的部分。

　　西南少数民族不论地处平坝从事稻作生计，还是身居山地经营畜牧兼旱作杂粮生计，都必须依靠水才能进行生产、组织生活，可以说，社会生活的方方面面都离不开水。山间盆地、平坝大小河流纵横，壮、侗、傣等民族世代沿河而居，创造性地发明创制了一整套灌溉用水技术，同时也学会了一套排涝、治洪的治水方法与技术。在山区、半山区林间，有大小湖泊、溪涧、泉源散布，世居的哈尼、彝、纳西等山地民族，千百年来适应山地独特的自然地质条件，创造了一系列独特且实用的用水技术，以及一套涵养水源、预防山体滑坡等的养水技术及经验。全面挖掘、总结西南少数民族千百年来关于水的知识、经验与技术，不仅是西南少数民族水文化传承发展的内涵式要求，更是西南少数民族地区构建生态和谐社会的外延式诉求。

第一节　掘井汲水

"饥则食，渴则饮。"每一个生物体包括人，要维持生物有机体的正常运行，都必须依靠物质能量的摄入，而饮水则是必不可少的。作为一个民族群体来讲，水对其生存和发展的重要性不言而喻。西南少数民族不论是在历史上的游牧迁徙，还是后来的定居农耕与畜牧，都要围绕着井、泉水源而落地生根。有的民族历史上不断辗转迁徙，其中一个很重要的原因就是找寻安身立命的一方水土。西南少数民族用水技术中，最基础的就是寻找水源、掘井汲水、筑坝蓄塘、合理用水等一系列独特方法、丰富经验及实用技术。

图4-1　侗族路边水井　　　　　　（刘兴禄 摄）

西南多数彝区生产、生活用水全靠龙潭①。彝族认为"有林育出水""有水才有家"。龙潭周围往往须遍植护水林,"万年青"榕树、龙竹等成为首选树种,三五年便可郁郁葱葱,常年持续涵养龙潭水源。龙潭是山区彝族村寨的命脉和生活的重要场域,男女老幼均对龙潭管护有加,恪守一系列龙潭及用水的禁忌,有的村寨甚至就近勒石铭刻水规,强制执行。彝族笃信龙潭必有龙,龙潭水是龙水,甘甜清凉。云南峨山彝族纳苏人每年大年初一——大早,要到龙潭"抢头挑水"。鸡叫头遍,各家派人挑着水桶,到龙潭泉源边燃香点炮,拜谢龙王保佑风调雨顺、五谷丰登、全家平安吉祥,然后挑"新水"回家烹食祭祀祖先。塔甸大寨村彝族纳苏人每年春节后要"开新街"②,村里参加开街巡演的龙灯等必须先到龙潭拜耍狂舞,意为"迎龙"。灯会"龙头"面向龙潭泉源处,对龙神谢恩并敬请真龙附身,让布龙和真龙合为一体。"过去耍龙、踩高跷、跳花鼓等灯会,开新街巡演前也都要先到龙潭出水口、大庙敬神拜佛,祈求神佛保佑平安。"③

---

① 龙潭,西南各地人们对供生产、生活用水自然泉源的称呼。一旦发现泉眼,人们往往在泉眼上方建盖拱形石屋、瓦顶、草盖,以遮挡风雨,并在周围植树,保护龙潭水源。因龙崇拜的影响,一般认为龙潭出水全因有龙在潭,因此往往定期举行祭龙,神化龙潭。

② 开新街,是当地山区乡镇彝汉民族于春节后第一个街日举行的开街节俗。峨山县内塔甸、亚尼、富良棚、大龙潭、甸中等乡镇均有"开新街"节俗。开街节上,邻近各村民间文艺队以耍龙、跳花鼓、打歌巡街表演等举行开街,以祈求来年风调雨顺、农作丰收、商贸顺利、人畜平安。

③ 黄龙光:《边界内外:从文化冲突到文化融合——以峨山县塔甸彝汉两村为个案》,《毕节学院学报》,2011(9)。

纳西族也是一个重视水文化的民族，水是世界文化遗产丽江古城的血脉和精魂，其龙潭用水采取"分塘而用"的规定。在丽江古城，至今还保留着三个水塘（三眼井），第一个水塘饮用，第二个水塘洗菜，第三个水塘浣衣，从古城建成至今，一代代传下去，无人违反。[1]井水顺地势高差形成的坡度，自泉源流出后，流满首塘，接着自然流入第二塘，待

图 4-2　傣族水井（黄龙光 摄）

流满第三塘后，流到外向沟渠。挑饮、淘米洗菜、浣衣、刷地，一个完整、简便的卫生节水系统就地生成。[2]为维护水塘的清洁干净，严格禁止在水井边杀猪宰牛，以免血流满地污染井水。禁止往井水、河水里吐痰、乱扔生活垃圾，否则水神会降罪以致招灾。三眼井分塘用水，卫生、节水、生态、环保。

---

① 李福军：《纳西族水崇拜习俗的文化生态学意义》，《楚雄师范学院学报》，2008（2）。
② 耿江红：《丽江水文化初探》，《水利发展研究》，2005（8）。

图4-3 佤族水井 （黄龙光 摄）

　　傣族将水井称为"楠木"，水井是村寨的共享资源和公共财产。傣谚说"挖水井，死后定升天""挖水井，建凉亭，做人有善心"。傣族将挖水井视作一件积功德的事情，每年定期组织淘洗水井等公益行为，凡参与的人都属于行善积德。过去，穷人家如不能向佛寺敬献供品，就在村寨外岔路口挖一口水井供路人饮用，当作是给佛寺做的奉献，也是一件积功德的事。傣族村寨、路口处的水井，除了要建盖凉亭挡风遮雨，还要在就旁种上涵养水源的万年青，有的村寨还在水井亭内壁雕龙画凤精美装饰，同时在壁上镌刻爱水、惜水、护水的传统谚语，它们不仅规约着人们的用水行为，同时也是现场宣传水文化教育的方式。而在源头上如有人违反寨规砍伐水源林等，将会受到清洗整个寨子的处罚。届时，寺庙和水井是必须严格清洗的两个地方。当地傣族人认为，水井之水是清洁干净的，即使今天多数傣族村寨早已用上了自来水，然而所有佛事活动及人生仪礼用水，必须使用从水井汲来的净水。

图 4-4　傣族水井　　　　　　（黄龙光　摄）

井泉（龙潭）是西南少数民族建村立寨的首要条件，有了丰沛洁净的井（泉）水，村寨里也就有了生命气象和生活气息。井泉、龙潭为核心的水井（泉）保护与管理，涵括了井泉本身及其周围水源林、寨神林等文化空间。西南少数民族井泉开掘和维护等相关知识与技术，统一构成少数民族生产生活用水的技术保障，是少数民族用水技术的核心源头及基础技能，是其千百年来世代传承的民间用水智慧、水技术的有效体现，更是其水生态观的技术化应用及生活化呈现。

第二节　开沟输水

西南少数民族的生活饮用水，多数直接取自当地泉源。但田地灌溉用水及部分村寨生活用水，必须远距离将水从泉源处输送到田地、村寨。这样一来，远距离物理空间内用水，就需要开沟挖渠进行渡水、输水。西南少数民族根据各自所处的自然地理条件，因地制宜，集思广益，发明创制了若干输水、渡水方法与实用技术。最为简单的就是根据自然的坡度，在地面搭架渡水渠，主要有竹筒、木槽两种。竹、木虽可就地取材，且质量轻便易搭易换，但不耐雨水冲刷，易腐朽。因此，"一次投入终身受益"的方式，还是在地面开沟挖渠，当然其技术难度大，工程量也大，须全民投入。不论是竹筒木槽渡水，还是沟渠输水，都很好地解决了远距离移动水资源的问题，是少数民族用水知识和经验技术的积累，使人们对水的操控延伸了无限的空间和距离。

彝族从游牧到游耕再到定耕，无论哪一种生计方式，都离不开水。各地彝族进入农耕之后，很重视兴修水利、引水灌溉。为了解决远距离输水的问题，就必须开沟挖渠。云南巍山彝谚说："人要健，要吃饭；田要好，肥水灌"，"水满塘，谷满仓"。南诏时期，蒙舍诏境内就有方圆数十里的大池对周围田亩进行灌溉，为当地的农业生产发展创造了有利条件。所以，樊绰在《蛮书》中说："然邑落人众，蔬果水菱之味，则蒙舍为尤殷。"历代蒙化府、土知府都十分重视农业，积极兴修水利，解决农业用水。兴修水利，山地彝族往往与开辟梯田相联系。清张泓《滇南新语》载："元江之新平、嶍峨两县境有山曰鲁魁，界连楚雄郡，极深峻，约广百余里，顶有泉如十亩池，大旱不竭，绕山皆腴田，夷人久居成巢。"正是梯田山顶的 10 亩泉源大旱不竭，才保证了梯田用水。在云南省禄劝县太平乡居住的"明朗人"自称撒尼，是由昆明朗九村搬去的。据《太平地后山碑记》和缪鸾和的调查报告，清初李老珠带领族人先到富民地方开水沟。后李老珠后代到禄劝与"施内矣"地方陆马头协议，在对面山头开一条工程浩大的水沟，分给陆家一股水，换来一半田地，就在此地住下。这条水沟在山腰，在上游沙石打坝，拦蓄原来倾泻而下深箐的泉水，水沟从那里起，在悬崖绝壁上迂回前进，长达十二三里，开到村口处分作两股，一股让给陆家，一股为李姓用水。两水共灌溉 1000 多亩水田，在两水分界处立了《永远碑记》。这条水渠工程浩大，有一段全为石崖，不仅施工困难，测量设计也颇不简单。[1]清光绪年间，蒙化土知府派人在塔湾开挖沟渠，引阳瓜江的水对周围田地进行灌溉，使"旧时荒芜，悉成沃野"。[2]

云南省红河、元阳县哈尼族流传着一则梯田由来的神话，说梯田是天神派下凡的三位使者教人修造的。三位使者分工协作，一位负责挖掘台地，一位负责修造田埂、路径，还有一位负责开沟放水。负责开沟放水的使者，长着鸭嘴一样长而硬的嘴，很快开凿了一条条沟渠，引放山泉水灌满梯田。人们后来学会修造梯田的技术，满山满坡修出层层梯田。[3]这是一则朴实无华的推原神话，以天神使者教人修造梯田为母题，强调了哈尼族梯田农耕生计方式来源的神圣性。在神话的具体演述中，以水相连的鸭子变形的开沟引水使者，

[1] 方国瑜：《彝族史稿》，成都：四川民族出版社，1984：365~366。

[2] 巍山彝族回族自治县人民政府编：《巍山彝族简史》，昆明：云南民族出版社，2006：321。

[3] 李子贤：《红河流域哈尼族神话与梯田稻作文化》，《思想战线》，1996（3）。

图4-5　哈尼族开沟 （黄龙光 摄）

突出了梯田生态系统中的关键因素——水，以及梯田灌溉系统中大小水沟开掘及输水技术的重要性，强调了水及其沟渠输水灌溉对哈尼梯田稻作生计的重要意义。同时，神话还告知人们须分工负责，团结合作，依靠集体的力量，才能创造和传承以水为魂的梯田文明。

哈尼族梯田稻作文化的命脉全系于水。因为梯田常年用水量大，供其灌溉的大小沟渠纵横密布。吃苦耐劳、聪明能干的哈尼族，面对陡峭的山坡，表现出一种乐观勇敢的实干精神，不仅开垦了举世瞩目的万仞梯田，还充满智慧地开沟挖渠，实施灌溉。哈尼族认为，平日里有土地神、沟神管辖着土地、水沟，所以在开沟挖渠前，必须在开挖沟渠的水源处，用鸡鸭各一只祭祀土地神和沟神，请求得到了地神和沟神的准许和保佑，祈求开沟过程顺利安全。为了开挖顺利高效，在沟头水源地水流湍猛处筑一堵斜坡沟堤，长度5米~10米，其目的在于减缓沟水的流势。沟堤以粗木、竹子为桩一字排开，堤桩之间以山藤扎紧后，用大小石头垒砌，这样能有效稳固地缓冲沟堤。[1]

---

① 杨六金、王亚军：《哈尼族沟渠文化研究——以红河哀牢山区座洛村为例》，《云南社会科学》，2011（6）。

图 4-6　哈尼梯田溪流　　　　　（黄龙光 摄）

在具体开挖前，先以目测的方式确定大体的沟线，再逐段以线测方式将沟线全部连接起来。沟线确定后，就采用边放水边开挖的方式，从沟头逐段向沟尾施工，这种施工方法称为"流水开沟法"。其最大的优点是可以最大限度地减少水沟线的水平落差，尽量扩大水沟开通以后的灌溉面积。此外，流水开沟法可以保证水流到哪里沟就开到哪里，不断掘进直至全线贯通。这样一来，可以大大降低劳动强度，提高开沟挖渠的效率。如果有巨石横卧在沟线上，就采用火攻与水攻相结合的办法来克服。水火攻克巨石的具体办法是，先用猛火烧红巨石，再猛浇冷水到巨石上。烧红的巨石骤然受凉以后，迅速脆化开裂，顺着裂缝即可用锄头或木棍轻轻敲开。如此循环往复，直至将巨石打通。沟线上如遇到断崖或凹箐时，通常架设木槽或竹槽引渡沟水，或用土石方将断崖或凹箐填平，再在填高的土石方顶部开沟。如果用一种方式难以开通，就以水槽和土石方并用的手段开通沟线。①

　　有了常年流畅的沟水，哈尼梯田才能实施和维持传统的"满水灌溉法"，即常年保持梯田里灌满水浸泡，在秋收及其后翻挖晒田的"田翻身"期间除外。这样，一年四季一块块梯田即变成一个个水塘，万仞梯田万个水塘汇成遍布山坡的千万个水塘，最后连成一片超大的立体水域。这超大的立体水域常年连续蒸腾，使哈尼山区"一年中约180天都有雾，全年的相对湿度可达约85%，而年均降雨量可达约1397毫米，湿润的气候和丰沛的降雨持续滋润土壤，使天然植被和人工植被都能常年滋长繁茂"②。

图 4-7　哈尼梯田满水灌溉　　　　　（黄龙光 摄）

① 白玉宝：《红河水系田野考察实录》，昆明：云南民族出版社，1999：52。
② 张谨、张红榛：《盛住了水，稳住了土》，《中国国家地理》，2011（6）。

傣族古训"有林才有水，有水才有田，有田才有粮，有粮才有人"，其中，核心的"森林"是源头，而"水"是源流。傣族虽沿水、临水而居，但其传统的提水、输水工具极其简单，水稻和其他作物生产用的灌溉水主要来自森林所贮存的"天然水库"，通过挖修大大小小无数箐沟来支撑其"跑马水"灌溉制度。[1]"在20世纪50年代以前，西双版纳的水利灌溉及其管理制度达到几近完善的程度。在景洪坝子里，当时共修造有13条数十公里长的水沟组成的水利灌溉管网，可灌溉坝内81个村寨共约4万亩水田。在每年4、5月雨季到来之前，宣慰司署照例要下令组织修整沟渠，以保证水流畅通，顺利完成插播。各村寨修整沟渠后，须由水利总管检查验收是否合格。办法是将一个小竹筏放入水中，上面放置石头保持平衡，系上帆布、绳子，拉着顺沟而行，能够顺利通过便算合格，不能通过要返工重修，而且要罚酒1斤，罚鸡两只。有时为了简便，就由总管扯一把野草或抓一把米糠撒进水沟之中，如果流动不畅，则不合格。"[2]西双版纳傣族还有用竹筒"南木多"涵管分水的技术。每年分段修理沟渠时，就是埋植"南木多"的最好时机。"南木多"一般埋在渠底上方水渠高度三分之一处，分水孔一端位于渠的内侧。它比渠埂稍宽，两端露于堤梗之外。有时根据一块田丘的实际需水量，要埋几个口径不同的"南木多"。在其进水口处，装置一个用竹篾编制的活动筛笼，以防杂物进入筒内，便于随时清理附于其上的杂物，保证水流畅通。这实际上就是一种就地取材、简便易行的早期涵管分水技术。由于"南木多"置于渠堤下部，且出水口伸出渠堤外，渠水可以不冲击渠埂，

---

[1]　许再富：《西双版纳傣族热带雨林生态文化》，昆明：云南科技出版社，2011：4。

[2]　郭家骥：《西双版纳傣族的稻作文化研究》，昆明：云南大学出版社，1998：72。

而在分水筒中自由出流。因此，它可以长期使用，无分水时水流损
坏堤基之忧，亦可避免在渠堤上直接挖分水口而造成的冲蚀与破坏。
这对保护渠堤的完整性十分有利，具有较好的安全性与实用性，是
傣族人民的一种生态创制。[①] 如果说西双版纳傣族的稻作生产是靠水
而得到发展的，那么当地傣族开挖、修整的沟渠灌溉技术管网及其
严格的管理制度，则无疑是傣族传统稻作灌溉技术及其管理中极富
创造性的重要内容。

图 4-8　哈尼梯田沟渠灌溉　　　　　　　（黄龙光　摄）

---

① 诸锡斌：《分水器与西双版纳傣族稻作灌溉技术》，《首届全国少数民族科
　技史学术讨论会论文集》，1987。

第三节　阻洪挡水、设塘沉沙、流水冲肥

科学技术较为发达的今天，水多和水少对于人类来说都是一个问题。雨季山洪暴发，易造成洪涝灾害；旱季滴雨不下，导致缺水、无水，人们则要面对旱灾。如何应对洪涝灾害，自古不外乎堵塞与疏浚两种办法。固堤、修造防洪桩是堵塞洪水简单实用的技术，同时在旁开沟放水，减少塘水对堤坝的冲击和压力。哈尼族"靠山吃山"，用称为"哈鲁鲁哈"的大竹笼装满石头，能有效挡住洪水的冲击。"哈鲁鲁哈"就地取材，制作简单，经济适用。人们把一棵竹子从顶端破开呈放射状，编织出一个直径几十厘米至1米多的大喇叭形口子，然后就地捡拾大小石头将其填满，接着把喇叭口织拢裹紧，置于水口处、堤坝上，能有效地阻挡、击退洪水的"进攻"，有效保护河堤、坝堤、梯田、村寨及庄稼。[①] 类似地，居住在河谷地带的彝族，往往在水口处打一排防洪桩，每一根防洪桩以一定的间隙排开，中间以较厚的竹篾片缠绕，编织成排，底部再以大石头沉固稳定，同时在旁开凿一条疏通水沟，及时排水，也能有效地堵住洪水的冲击，从而保护流域内的水田和村寨。

哈尼族梯田多修造在高坡度的山腰上，从山顶水源引水灌溉的沟渠，基本上都开在坡度为20度以上的半山坡上。雨季里雨水冲刷坡面，引起地表径流携大量泥沙冲下梯田。为了有效防止泥沙冲毁梯田，在每块梯田灌溉沟水的入口处，特别设置一个3平方米~5平方米的沉沙塘，使随雨水冲刷下来的泥沙沉积在塘内，只要塘内泥

---

① 杨进田：《哈鲁鲁哈》，毛佑全、傅光宇等编：《哈尼山乡风情录》，成都：四川民族出版社，1993：125。

沙积满了即刻清除、移走，避免泥沙在梯田内大面积流散扩布，破坏梯田原有的土壤结构及其肥力。[1]有少部分泥沙随水流散布田中，但经过长时间翻耕、浸泡后沉积到底部，也不影响土壤结构和肥力。

在哈尼族梯田灌溉系统中，为了增加梯田土壤的肥力，充分运用沟渠的坡度，自上而下地对梯田进行冲运粪肥，哈尼语称为"则库腊"（"则库"为"农家肥"，"腊"为"搅碎拌匀用水冲走"）。"则库腊"一般在秋收完毕、挖了头道田后直到栽秧前的这段时间里进行。开始前，人们必须疏通沟渠，把田水留二三指深，整理好水口。冲肥开始，由两三个人将畜厩和平常积蓄在粪塘里沤好的农家肥、杂肥塘泥等挖出来，引水边搅拌边用水冲走，然后一人沿沟而下疏通堵漏，让粪水逐丘逐块灌进田里，如进水口被堵死，用犁耙一捅即通。一块田冲过一次肥后，一般在三五年内肥力不减，实为一个增产粮食的好办法。[2]这不仅是一个通过增加土壤肥力获得农作丰收增产的好办法，而且也是一个村寨人居环境得以自净的巧办法，它减少了人畜禽粪便对环境的污染。

第四节 水车提水

据清代《滇系·物产》载："水车、水碾、水磨、水碓，皆巧于用水者，惟之为利尤薄，滇亦多此。"西南地区少数民族传统的

---

① 黄绍文、关磊：《哈尼族梯田灌溉系统中的生态文化》，《红河学院学报》，2011（6）。
② 梁伯发：《冲肥料》，毛佑全、傅光宇等编：《哈尼山乡风情录》，成都：四川民族出版社，1993：116。

水车提水灌溉技术，可能受内地移民水车灌溉技术的影响。水车提水，是充分利用水的流动性带来的水能，或利用人力、风力、畜力等将水从低洼的位置提到较高地势的技术。水车的制作往往就地取材，多为竹、木、藤。传统的灌溉水车，主要分为亦名"翻车"的"龙骨车"，与又叫"水轮车"的"竹筒车"两种。

图4-9　贵州黔东南水车　　　　　（黄龙光 摄）

龙骨车，顾名思义，由较长的凹槽（板）和刮板连轴构成，犹如龙骨的刮板链状依次排开，因此被形象地称为"龙骨车"。龙骨车根据动力来源，主要分为人力式和非人力式两类。人力式又可分为手摇式和脚踏式两种，非人力式又可分为风力式和牛力式两种。再分得细一些，手摇式有单边手摇与双边手摇两种，脚踏式有两人、三人、四人踩踏三种；风力式与牛力式体量较大，需以大小齿轮啮嵌转向传送所需动力，结构复杂。"在云南，手摇式龙骨车比较普遍，且体量较小，易于组装，便于移动。云南龙骨车的分布范围，北起昆明、陆良，南至石屏、丘北。"[1]说明龙骨车的使用范围较广，广受欢迎。

水车每架直径 6 米~7 米，高 10 米左右，就近悬于河边，利用流水冲力使水车自动旋转，把河水提上岸进行灌溉。水车一般属于公有、共用，有的一村用一架，也有数村共用一架水轮车的情况。水轮车的制作和维修一般在冬季，届时全村男女青壮年伐木、采藤、砍竹，集体修造和维护。水轮车灌溉效力极高，每架水轮车灌几亩、几十亩，大的可灌一二百亩。因水车取材便利，且依靠水利自转带动，一经投入使用便省力省心，生态环保，因此适用范围比龙骨车广泛得多。西南各少数民族均有用水车提水的灌溉技术传统。由于水车取水自然巧妙，目前还有一些村寨继续沿用，也有的地方已作为旅游开发的水文化景观之一，成为传统水文化以及文化记忆的一个象征符号。

第五节　刻木分水

传统的刻木（石）分水技术，哈尼族、壮族、彝族、拉祜族苦聪人等都使用过。对于严重依赖水的稻作民族来说，刻木分水制度及技术，不仅是一项创造性的技术发明，而且是一种协调水利纠纷、合理分配公共用水的巧妙文化机制。其中，世代稻作的傣族传统的竹筒分水及分水器技术，显得更加发达、精密。苦聪人将分水"木刻"称为"心上的天平"，说明它已经从平息水事纠纷的功能，延伸到了社会生活的方方面面，被视作衡量每一个民族成员道德与良心的标准，具有社会整合和社会控制的积极功能。

---

[1] 尹绍亭：《云南的水和农业灌溉》，熊晶、郑晓云编：《水文化与水环境保护研究文集》，北京：中国书籍出版社，2008：51。

图 4-10　哈尼梯田刻木分水　　　　（黄龙光　摄）

云南省绿春县三猛乡腊姑村里大的分水木刻有 4 个，由当地"赶沟人"李贵仁祖上始创，其他小的分水木刻就不计其数了。所谓木刻分水，就是当初开田时，由寨老们按各家梯田的实际用水量和投入修沟开渠的劳动力和支出，公议确定下来的刻度，刻度的制作必须公正、公平、精确，从灌溉路线，主沟到支渠，节节分水，木刻凿制、安放不能私自乱动，直到木刻腐朽后照旧换新。分水木头大多用当地一种多年生"黑心树"做材料。这种木材质地坚硬、耐水泡，在水里越泡越硬，可以使用数年时间。"分水木刻至少应该分两个口，最多的开有十几个刻口。刻口的深浅基本上是规定好了的，宽窄以各户需水量和投入修渠支出和劳力来确定。"[1] 私开、偷开、毁坏公共木刻将受到严厉处罚。"绿春县大水沟乡大果马村曾发生

---

① 李旭：《哀牢山红河哈尼梯田——改变正在发生》，《中国国家地理》，2011（6）。

过一起因私开木刻而受惩罚的事例。被举报后，村里寨老们做出了对其罚款 330 元的处罚，责令其用该笔钱诚请村里老人们吃饭，并在筵席上给全村道歉，并保证下不为例。大果马村作为一个贫困的哈尼族村寨，村民人均年收入不足 1200 元，这次罚款占该村民年收入的 1/4。此后，村里再也没有违反木刻分水的违规现象。"①哈尼族传统的分水木刻技术，是哈尼族梯田灌溉系统中公与私互动和互惠的一种技术手段，同时辅以神秘的木刻安放仪式，以巫师下毒咒的方式进行威慑，村中寨老等对于那些胆敢私自破坏分水的个人施以严厉的处罚，既从经济上进行处罚，也在社会上使其背上道德谴责的枷锁，从而使该分水技术和制度千百年来有力地促进了哈尼族梯田稻作生产，也很好地服务于哈尼族村落社会秩序的维护。

在傣族的传统观念中，田中之水也是水，象征着农业丰产，是水神赐予的水，因此傣族在灌溉分水时，有一定的计量及办法。为能精确地计算水的渗透数量，水员都有一个木质圆锥形的分水器给水，一则避免水源浪费，二则为了用水公平。傣族传统的分水器为木材特质，成圆锥形，上粗下细，其上刻有"斤""两""钱""分""厘"不同度数，呈放射状逐层递减。"沟渠流经的每个村寨，大小分沟、支沟纵横田间，这些主沟与分沟、支沟和田地间的入水口，都内置一个竹筒来放水。50 纳（12.5 亩）以上分'斤'、30 纳分'两'、20 纳分'钱'，在竹节上凿开与之相应的通水孔，分水器就用来测定通水孔的大小。"②"具体田地灌溉所需的水量，由水倌'板闷'

---

① 卢鹏：《木刻分水——充满民间智慧的和谐机制》，《中国民族》，2009（3）。
② 此处的"斤""两""钱"都是傣族分水时测量水流量大小的度量单位，而非重量单位。"纳"是傣族计量田地面积的单位。

根据历史上的分水标准，并结合长期的分水实践来划定，运用起来异常便捷灵活。"[①] 如西双版纳景洪曼景兰傣寨有两块田，面积相同，都为 100 纳（25 亩），但因所处位置、距离不同，所分配的水量也不同。一块在水渠边可直接灌田，只分水 1 斤 5 两；另一块离水渠较远，分水后仍须经过一条水沟才能流入田里，分水的量就比前者多 2 斤。[②] 观察傣族传统制作分水器分水的技术，足见其在技术上的先进和精密，能有效地避免水资源的浪费，实现公共水资源的公平配给。其主管分水的水倌、分水员，凭借其民选及地方官府认可的民间和官方双重身份，长期以来传袭分水技术，以履行执行、监管、监督等整个分水制度的职责。传统分水器及分水制度，作为傣族传统稻作生产技术中重要的技术要件，有效地促进了傣族的稻作生产。

拉祜族苦聪语称"分水木刻"为"阿匣必"，即"心里的天平"。"刻木分水"是苦聪人传统的分配水量的巧妙技术，更是衡量每个人道德标准的天平，自古受苦聪民众的严格遵守。即使发生严重的旱灾，苦聪人也不会私开、偷开木刻，不会出现抢水、偷水等有悖道德的情况。苦聪人在邻村共用的沟渠岔口或田首，以村寨、各户所有田地的数量，以及开沟护渠所投入的劳力和支出，综合计算所应分配到的水量，制作相应的木刻进行公平分水。水平有木刻与石刻两种，因刻木制作简便且成本低，使用也往往最为广泛。首先砍来一根硬质木头作水平，长度略短于沟渠的宽度，由寨老和各户代表商议测算，

---

① 艾菊红：《水之意蕴——傣族水文化研究》，北京：中国社会科学出版社，2010：45~46。

② 马曜：《西双版纳傣族水稻栽培灌溉事业在家族公社向农村公社过渡和国家起源中的作用》，《马曜学术论著自选集》，昆明：云南人民出版社，1998：708。

然后根据分水量在水平木上凿出若干开口,小口为一角,大口为两角,一角即一份分水量。大口说明田多、角数多,分水量就大;小口说明田少、角数少,分水量也小。分水量的大小和用水村寨、家户实际参与修理维护公共沟渠所出劳力和费用成正比。水平制作好后,往往由寨老择吉日进行隆重的安放仪式,各收益村寨和家户派代表参加。寨老主持安放仪式现场,须当众宣布相关水平规约,然后放水进行测试。水平安放仪式由所流经村寨和家户代表群体参与见证,宣告、通过相应的水平规约,公开而严肃,具有强制约束力。水平一旦安定,不准私自乱动,10多年后水平朽烂才能换新。[①] 苦聪人的刻木分水技术及制度,不仅服务于其水田灌溉以及稻作生产,同时已上升至一种监测、衡量和监督社会道德的标准,有效地维护着社会道德及生活秩序。这样的分水制度,不仅是水文化中的技术传承,而且是传统民族礼德教育的精神传习,具有重要的社会治理及文化传承价值。

　　西南少数民族的刻木分水技术及其制度,因其本身带有技术的严密性和精密度,给每个村寨及田地所有户提供了一种公平、公正的分水办法和制度。同时,这项技术和制度,也需要社群共同协商、制作、制定、安放和实施,加之往往举寨组织神秘的安放仪式,再加上水倌、守水员、寨老、巫师等专兼职人员的各方监督与共同管护,使刻木分水这一整套分水技术和制度达到一种几近完善的地步,不仅合理地协调、处理了村寨、家户之间的用水纠纷,同时也解决了一些旁生的社会纠纷,维护和谐良善的村落社会秩序。

---

① 郑显文:《道德的天秤:刻木分水》,《中国民族》,1989(11)。

第六节　水碾水磨

关于石碾的最早记载，可见于东汉的相关文献。水碾充分利用水力资源，借流水的自然流动带动碾盘进行谷物加工。驱动水碾的动力，通常有水力、人力和畜力三种。作为一项较为先进的谷物加工技术，传统水碾一般用来碾脱谷物壳皮或去麸。水碾一般由（立）中轴和横轴连接碾盘和滚轮而成，利用碾盘和滚轮之间的有效摩擦，使谷物脱壳、去麸。水磨由中（立）轴连接上下两层磨盘，充分利用磨盘间的摩擦，使谷物脱壳去麸。西南少数民族水碾和水磨，往往因地就势安装，利用流水高差，其工效要高于人力和畜力碾磨。

图 4-11　哈尼族水碾　　　　（黄龙光 摄）

云南元阳县小新街乡者台村，供生产生活用的水源来自梭山河。海拔近 1900 米的梭山河，引入哈尼村寨供生活用水后流向梯田作灌溉用水，全长约 7000 米，流量可达 0.3 立方米 / 秒。当地哈尼族自古充分利用梭山河绝好的水力资源，擅于建造和使用水碾、水磨等传统的谷物加工工具。目前，尚在使用的水碾仍有 5 座，人们依旧作脱壳去麸用，既生态环保，又省力省心。[①]

香格里拉尼西乡形朵村，尚有两台近 200 年历史的水磨。两台水磨位于形朵村旁绿龙河岸，水磨体型较大，直径 4 米，宽 3 米，高 2.5 米，水槽长约 4 米。水磨连接上下两层磨盘的中（立）轴为钢铁所制，水轮为木制。水磨经简单维护后，便可全天 24 小时连续工作。水磨属于形朵村公共财产，由全村 41 户轮流使用，两台水磨一天可磨近 400 斤粮食，能基本满足一家人一个月所需粮食。[②] 水磨作为当地藏民重要的水力生产加工工具，制作维护便捷，经济实用，是一项生态环保的水力利用技术。

西南少数民族充分利用自身所处水源高差与水流落差，就地、就势巧妙制作组装传统水磨、水碾、水碓等一系列水力加工和生产工具获取水能，能比较高效而节能地给谷物脱壳去麸。水能总体来说是可再生循环的自然能量，少数民族传统水磨、水碾、水碓技术，符合当代社会生产、生活中关于生态、节能、环保的要求，是少数民族日常生活中利用水资源、水能最具代表性的传统技术和方法，集中体现了少数民族在各自用水实践中的聪明才智。作为西南少数民族水文化的重要内涵之一，传统水磨、水碾、水碓等技术，是少数民族在水利、机械方面的技术遗产，具有重要的传承和教育价值。

---

① 黄绍文、关磊：《哈尼族梯田灌溉系统中的生态文化》，《红河学院学报》，2011（6）。
② 张实：《云南迪庆藏族水文化》，《云南师范大学学报》（哲学社会科学版），2011（5）。

第七节 建桥渡舟

中国山川众多，江河纵横，作为桥的故乡，中国自古是一个桥梁大国。桥梁的建造起初主要是为了解决跨水行空的交通便利，不过后来增加了休闲、审美等多种功能。西南少数民族地区主要为横断山脉绵延，山川阻隔，江河密集，纵横千里，发源于青藏高原唐古拉山南麓的怒江，流入缅甸后称为萨尔温江（Salween），为西南地区的大河之一。怒江穿行于怒山和高黎贡山之间，与澜沧江基本平行，山高谷深，水流湍急，落差较大。面对如此典型的西南山地地理格局，西南少数民族为了解决生产生活中出行的交通问题，创造性地设计并建造了适应本地自然地理特点的独特的桥梁类型。

作为一种比较原始的渡江工具，溜索在古代被称为"撞"。明曹学佺所撰《蜀中广记》所说"度索寻撞之桥"即为溜索。怒江流域地势险峻，夹江耸峙，石岩坚硬，水流飞快，舟川航渡不适，打桩架桥不易，因此，当地怒族、傈僳族、独龙族等少数民族因地制宜，充分发挥聪明才智，架设溜索过江。傈僳族风物传说中说，很久以前，一对隔怒江两岸而居的傈僳族恋人，在无法相会的苦恼之中，受天上彩虹的启发，架设了怒江上第一条溜索。独龙族架设溜索，先在江两岸栽上木桩或借助大树岩石系紧溜索，一方先将一根细麻绳拴上一块石头抛向对岸，若江面宽阔，则用弩箭将其射往对岸。细绳后接粗绳，再接竹藤篾绳，由对方拉过绳索，扎紧在木桩上，就架好了溜索。[1] 根据两岸地势高差，溜索分为"平溜"和"陡溜"。

---

[1] 廖伯琴：《朦胧的理性之光——西南少数民族科学技术研究》，昆明：云南教育出版社，1992：421。

平溜两头一样高,平行飞越江面,但溜到江心后得靠双臂用劲攀到对岸。陡溜有一定的倾斜度,一头高,一头低,滑起来自然轻快。当地少数民族不仅创制出如此实用的溜索,而且还具有娴熟的溜索溜滑技术与经验,不仅自身可以轻松自如地通过溜索,而且还可以运货,包括牲畜等,充分体现了西南少数民族不畏艰险、智慧勇敢的民族精神。如今,溜索作为一项独具特色的西南少数民族水文化遗产,已成为一项民族特色民俗体验式旅游项目,受到越来越多游客的欢迎。

侗族长廊式风雨桥,是西南少数民族一大杰出的建桥智慧结晶。风雨桥由桥、塔、亭三个部分组成,只需石墩、杉木材料,桥、楼、柱、坊,不用一钉一铆,采用杠杆原理,以挂方、挂撑方法支撑而上,大小条木,横穿竖插,全用榫卯结构自然衔接,严丝合缝,布局严谨,技艺精湛,堪称一绝。楼、亭飞檐翘角,上面雕龙画凤,或绘制神话历史彩画,美轮美奂。棚顶盖以严实的瓦片,凡外露的木质表面涂桐油防腐,风雨桥横跨溪河,耐经风雨,实至名归。始建于1916年的广西三江林溪河程阳桥,是风雨桥的代表,

图 4-12　贵州侗族风雨桥 (刘兴禄 摄)

为国家重点保护文物。该桥全长 64.4 米，是一座 4 孔 5 墩伸臂木梁桥，每孔净跨 14.2 米，桥宽 34 米，高 16 米，采用 8 根连排杉木分上下两层。墩底用生松木铺垫，用油灰黏合料石砌成菱形墩座，上铺数层并排巨杉圆木，再铺木板做桥面，桥面上盖起瓦顶长廊桥身。桥身为 4 柱抬楼式建筑，桥顶建造数个高出桥身的瓦顶，数层飞檐翘起角楼亭。5 个石墩上各筑有宝塔形和宫殿形的桥亭，透迤交错，气势雄浑。顶上 5 座亭阁，中间为一座 4 层 6 角，两边各为一座 4 层 4 角，另两座为 5 层殿式楼亭，远远望去，5 亭并列，重瓴联阁，层层叠叠，巍峨壮观。长廊、楼亭瓦檐头均雕刻绘画，人物、山水、花、兽类色泽鲜艳，栩栩如生。风雨桥不仅是沟通村寨的便利水上交通建筑，更是一个独特的、重要的社会—文化空间。

猪槽船是川滇交界泸沽湖里唯一的独木舟，人们将一根粗壮的圆木凿空，两头削尖而成，因其状如一只长长的猪槽而得名。清代道光《盐源县志》记载："夷民挎巨木中空，桦短以济，曰猪槽船。"根据当地的民间传说，猪槽船的起源与很久以前当地一位正在喂猪的摩梭女子在洪水灾害中以猪槽求生的故事有关。后来，人们为了纪念女子的机智勇敢，猪槽船便一直沿用下来。在日常生活中，猪槽船不仅有湖上捕捞鱼虾、捞猪草等生产功能，而且是摩梭人"阿夏"结交的重要工具。随着近年来泸沽湖文化旅游的蓬勃发展，猪槽船越来越成为摩梭人水文化的一个重要符号。

贵州赤水河"一苇渡江"的独竹漂，起源于秦汉时期。贵州盛产楠木、杉木，明洪武初年"水运皇木"中，采木倌给每棵皇木委派一人或多人向外运送，从开始的"抱木漂"到"踩木漂"，后来运木工手里增加了一根竹竿，用作划水与平衡身体，后演变为以当地楠竹替代楠木、来往两岸村寨间的一种"以竹代步，以水为路"的便捷的水上交通工具。后来独竹漂技术被更多的黔北人掌握，成为当地岁时节日中的一项水上娱乐活动，现已成为一种竞技类的民族民间体育运动项目。

小　结

西南少数民族的用水技术和治水经验，是千百年来各少数民族历代不断适应自然环境，集思广益，创造性地适应水、使用水、控制水等一系列水利技术的群体智慧结晶。其中，很多独特的水技术及其使用方法，历史上对各少数民族社会生产生活起到了至关重要的作用，即使在今天也极具生态蕴涵，有一定的水利技术含量，有的直到今天依然发挥着重要的水利功能。

随着当代水利科学技术的进一步发展，西南少数民族地区先后兴修了大大小小的现代水利设施，极大地改变和改善了少数民族地区的水利布局、水事格局和水务实践。过去主要依靠手工技能的传统用水技术及水利设施基本上被弃用，有的已成为民俗旅游的一种水文化景观符号，更多的则成为一种文化记忆，进入各级博物馆供展览和宣传。面对这些极具地方性和民族性的少数民族用水技术，其用水治水的奇思妙想与巧夺天工的修造技术，及其所蕴含的生态内蕴及社会治理实践模式，不仅作为一种治水和利水的知识、经验与技术，而且作为一种解决一系列水利纠纷，进而维护和谐人—水关系、实现社会整体治理的用水技术与管水制度，极具社会人文色彩。我们应该思考，它们如何才能有效地进入现代水利文化体系，共同形构中华民族的传统水利智慧，从而得到全世界的普遍认同与分享的问题。

第五章　西南少数民族的水制度

水是一种重要的公共自然资源，对于人类来说，任何时候它都是群体共享而公有的，如何合理地使用水、管理水就显得异常重要。因此，人们便协商共议制订了相关的规则与制度，为的就是实现用水的公共利益至上、公平互利第一的原则。在西南少数民族水文化系统中，管水制度是社会化程度最高的一套水管理机制，它主要协调、处理围绕水事而产生的人—人、人—社群、社群—社群之间的一系列社会关系。其中最重要的是处理并平息各类诸如偷水、争水、抢水等用水纠纷，通过确保流域范围内公共用水利益的均衡、合理、公正，增强社会凝聚，保持社会稳定。

西南少数民族管水制度由三个方面的内容构成，分别是涉水神祇的威慑、民间水法的规约与民选水倌的管护。[①] 这三个方面是一个整体的概念，在具体的水事、水务活动中，它们有机联动、共同运作，实现对水的合理使用及有效管理。西南少数民族管水制度及其管水实践，不仅协调、处理人—水关系，而且协调、处理人—人、人—社群、社群—社群的关系，它早已超越了水管理本身，成为地方社会自我管理、

① 黄龙光：《"因水而治"——西南少数民族传统管水制度研究》，何明主编：《西南边疆民族研究》（第15辑），昆明：云南大学出版社，2014。

自我控制的一个实践模式，同时构建、维护着地方自然生态与社会生态的良序运行。

第一节　涉水神祇的威慑

西南少数民族的水管理，与其日常生活紧密结合，具有自然性、复合性与神秘性等特点。随着文化的交流，有一些少数民族也信奉道教、佛教、基督教、天主教等制度性宗教，但其民族传统文化的源头和精神内核依然是本土自然崇拜、图腾崇拜与祖先崇拜相结合的原始宗教。水文化是民族传统文化体系中的一种源生文化，也极大地受各民族原始宗教的影响。在西南少数民族管水制度里，以原始宗教为统领的水信仰中，各路涉水神祇发挥着强大的威慑和震慑作用，村落共同商议制定的各种古约、口碑、水规与习惯法理性而带有强制约束力，而中间作为涉水神祇代理人的民选水倌则起着水务监督和水事管理的作用。千百年来，这三重力量三维同构，有效地监督和管理西南少数民族的水务、水事活动，协调维护

图 5-1　西双版纳傣族神树（黄龙光　摄）

着人—水和谐关系。

　　对各路涉水神祇的崇拜，表面上是各少数民族对水自然崇拜的一种曲折、幻化的处理，是人对超自然的水的一种极富想象力的认知和实践，但内在地却缓解和消除了人与自然的水之间的紧张关系，从而协调和维护了人与自然之间的和谐关系。西南少数民族管水体系中的相关涉水神祇，主要有天神、山神、林神、（村）寨神、水神、龙神、祖先神等。这些神祇有各自的神格，但有时一神双职、二神同职，因此会出现一神数格或多神类格的复职、复格现象。西南少数民族践行水神崇拜和祭祀，主要出于他们笃信水背后附载着拥有巨大力量的天神、山神、水神、龙神、祖先神等超自然的神祇，因而将其神化，进而顶礼膜拜，以期使其发挥养水、护水、管水的功能。水本身同时带有巨大创生力与极大毁灭性，因此人对水产生了一

图 5-2　彝族咪嘎哈神树祭坛　　　（黄龙光　摄）

种爱恨交加的复杂感情。也正是出于对水的复杂情感，人们便将水幻化为各路涉水神祇，顺势借助其无上的神威和巨大震慑，自古管理世间水事纠纷，维护人—水和谐关系，进而"因水而治"，管控社会秩序。

"各族洪水神话中的人—神冲突，实际上反映了人类征服自然力的斗争与愿望。从洪水神话的主要内容来看，都不同程度地反映了各族原始初民期待解决威胁自身生存和发展的核心问题，即战胜水患灾害。"[①] 自古以来，水患作为人—水关系中最为冲突的大事件，是一种极具震撼力的毁灭性的自然灾害。西南少数民族创世神话史诗唱诵，洪水滔天是因人类自身礼德沦丧，违背了天神的旨意，因此才遭灭世、灭祖的惩罚。从这个意义上说，天神是很多少数民族神灵谱系中最位尊权大的神祇，若要免遭天降旱涝灾害，必须首先崇祀天神，然后才能人畜兴旺。

彝文经典记载，"天神是阿父，地神是阿母。"[②] 云南弥勒独家村有一幅古老的彝族祭天崖画。这幅崖画长 11 米、宽 2 米，含绘画和古彝文字两部

图 5-3　彝族坟场山神树 （黄龙光 摄）

① 李子贤：《试论云南少数民族的洪水神话》，《思想战线》，1980（1）。
② 丁文江：《爨文丛刻·献酒经》（甲编），上海：商务印书馆，1936：87。

分。画中最高处画了9个太阳，其中一个为实，其余8个为虚，都是万丈光芒状。太阳下面有一群人在杂耍、跳舞。画中刻写的彝文为"舞天"。崖画内容大致为：远古时天上9日并出，炎炎烈日使大地焦裂，极旱威胁着人类的生存。天神看此情景，留一个太阳在天上，将其余8个埋入土里，人间始又太平安康，五谷丰登，人畜平安，生活幸福，人们献歌载舞，以谢天神。[1]据道光《云南通志·爨蛮》载，彝族"民间皆祭天，为台三阶以祷"。云南省峨山彝族自治县境内至今遗存有古祭天台，向天逐级连修3层祭台，足显高大神秘。彝族传统火把节"搭棚以敬天……长幼严皆肃，不敢哗者"[2]。可见，在彝族传统神灵谱系中，天神统管着世间万物及其附身其上的水神、龙神、寨神等各个具体的神祇，当属最高级、最权威的（涉水）神祇。

据彝族史诗《洪水泛滥》载，远古独眼时代：

> （人们）吃食不祭神，净水不供佛，佛前不烧香，饭前不祈祷，酒前不敬神，遇老不磕头，见小不作揖，独眼不礼貌，道理也不讲……天神兹阿玛[3]，施展干水法。请来九个太阳，邀来八个月亮，要晒四海水。太阳晒坝塘，坝塘就晒干；太阳晒大地，海水全晒干，一滴也不剩。海底火熊熊，鱼类全灭绝；青蛙夫妻亡，泥鳅哭断肠。螺蛳泪流干，绿树九千萎，果木八百枯，植物都死亡；动物被晒死，水虫也灭绝。[4]

---

① 吕大吉、何耀华主编：《中国各民族原始宗教资料集成：彝族卷·白族卷·基诺族卷》，北京：中国社会科学出版社，1998：58。

② 黄龙光、杰觉伊弘：《论彝族传统火把节的民俗特质》，《毕节学院学报》，2010（12）。

③ 兹阿玛：彝族天神名，因各地彝语方言不同，也译作策格兹、恩additional古斯等。

④ 云南省少数民族古籍整理出版规划办公室编：《洪水泛滥》，昆明：云南民族出版社，1987：1~2。

因人礼德沦丧，违背天意，天神兹阿玛怒施"干水法"，将"独眼第一代人"连同世间万物晒死。这深层次反映出在自然与人的结构关系中，自然赫然占据着令人生畏的超人甚至超自然本身的地位。

到了"竖眼第二代人"，生活富足，但也是伦理不讲，道德不知：

> 财多不祭祖，粮多不请客，春鸡不祭龙，夏羊不祭神，秋不杀牛奠，冬不杀猪献，年首尾不分。遇老不磕头，见小不作揖，见大不尊敬。穷富名不分，骑马不分主，伦理也不讲，道德也不知，女儿不孝母，儿子不敬父。①

天神派使臣试人心好坏，唯有阿普笃慕②通过了考验，得到神谕藏身葫芦，躲过滔天洪水，遗民传人种。天神灭"第一代独眼人"用了"干水法"（极旱），灭"第二代竖眼人"直接怒施洪水。神话警告人们，天神发动旱涝灾害灭世，根源在于人类自身道德、伦理的缺失。西南少数民族洪水神话作为一个神圣的生态隐喻，其叙事母题从旱涝灾害的记忆强调了重建伦理道德的重要性，是人类道德自律向他律转换的一种神话叙事，完成了从自然生态到社会生态秩序重建的深层主题表达。在彝族洪水神话的生态逻辑里，天神掌管着天地万物人类，操控着旱涝等灭世的超能力，要维持人—水和谐，人首先必须从自身做起，礼德兼备，恪守人伦。

与万能、至上的天神相比，水神直接与西南少数民族日常用水、

---

① 云南省少数民族古籍整理出版规划办公室编：《洪水泛滥》，昆明：云南民族出版社，1987：4。

② 阿普笃慕、玉朴笃慕、笃慕，均指川滇黔桂彝族共同祖先，洪水泛滥后育有六子，后主持彝族历史上六祖分支仪式。

管水发生紧密的联系。一方面，傣族传统民间灌溉体系中，必须由水利总管主持祭水神仪式。人们认为，祭过水神后，可保沟护渠，流水通畅，以至风调雨顺，谷物丰产。客观地看，祭水神仪式时往往结合集体修沟护渠，强调了稻作生产中沟渠灌溉的重要性。另一方面，从管水的角度来说，神圣的祭水神仪式过程也即水倌身份合法化的过程，以水神的神威换取、移植民选水倌的授权与权威，水倌从此成为水神使者，以水神之名监管流域大小沟渠与水田灌溉，在村落地域内享有管水的权力和威望。傣族《杀鸡祭水神祷词》念诵道：

> 今年是吉年，今日是吉日，奉议事庭和内外官员之总首松领迪翁帕丙召（指招片领）的命令，赐封我为各大小水渠沟滃总管。今日我携带鸡、酒、茶、槟榔、鲜花与蜡条，均敬献于沟边渠道，敬请尊贵的四方神祇来用膳。敬求在上神灵护佑各条水沟与渠道，勿使崩塌渗漏，让水均匀流淌，并祈望风调雨顺，使庄稼繁茂壮实，勿让害虫咬噬，勿使作物受损。让地气熏得谷粒饱满，保各方稻谷丰收。敬请接收我的请求吧！ [1]

这是水利总管主持的总水神祭祀上念诵的祭祀辞。实际上，各村寨还分别举行各自沟渠水神的祭祀。这些大大小小的水神祭祀，几乎覆盖了傣族所有村寨的所有灌溉沟渠。

---

[1] 张公瑾：《傣族文化》，长春：吉林教育出版社，1986：131~132。

图 5-4　贵州丹寨龙井 （黄龙光 摄）

相比而言，水神形象是模糊不清的，古老的水神崇拜停留在一个相对抽象的阶段；龙神形象是具体而清晰的，因此龙神（王）崇拜已发展到一个相对成熟的阶段。作为一个较早进行渔业、稻作生产的民族，白族水文化具有深远的渊源，白族人怀有浓厚的水文化情结。白族传统的涉水神祇有本土水神、辖境本主、龙王等，因其历史上较早吸融了中原以及佛教文化，故其水神崇拜更多地表征在龙王崇拜上。洱海自古滋养着大理，环洱海周边的白族，每年春分时节必举行白语为"加虽"的接水仪式。届时，老斋奶们项戴佛珠，穿戴一新，身背简单炊具和随身行李，手提内装香火、酒、茶、饭等供品的竹篮。她们往往以村寨排成列队，沿路虔诚地给龙王和神祇一一敬奉祈祷。大理仁里邑村一路上的"接水"地点先后为："洱源下山口大黑龙王—高兰兆圣源寺龙王皇帝—古城城隍—古城东狱大帝—下关将军洞大将军—河以江九龙圣母。老斋奶们每到一处，就地搭灶野炊，给神祇敬香供奉，念经祈祷。沿路每遇一处水，须采花、草放入水里，使其顺水流走。这样一路走拜庙宇、龙潭、江河，共需半个月时间，意为把水接回来了。而在老斋奶们一路接水的同时，守水员正带领各村寨男子们全面彻查、清理流域内沟渠，修补漏洞，固堤加坝，保证水流畅通无阻，准备迎接春耕"[1]。上述白族传统接水仪式，虔诚的老斋奶们历时半月，不辞辛苦沿水流方向，以沿路龙王、城隍、将军神、圣母等神祇为节点，一程程一站站，烧香祈拜，在精神世界里象征接水回村，以保春耕用水。同样，在老斋奶们虔诚拜神迎水回村的同时，守水员带领各村男子，从现实世界里修沟补渠，垒堤固坝，疏通水流，以保春播。前者是神圣的宗教性水诉求，后者是世俗的现实性水需求，非理性与理性相结合，并行不悖，共同指向人们对水的诉求和有效管控。

天神、水神、山神、龙王、本主、圣母、勐神、寨神、沟神等各路涉水神祇，以及诸如竜林神、密枝神、咪嘎哈神等涵养水源的神祇，共同构成西南少数民族水文化中涉水神祇群，不论其具体神职是养水、管水还是控水，人们认为它们或单独或集体，拥有超强的能力，不仅神秘地管控着水，而且也震慑、管控着人间秩序。凡是神祇们所隐身的地域以及其间森林草木都成为圣境祭场，千百年来受到一系列神秘禁忌的保护，自古圈定和维护着当地的水环境与水生态。人们在意识世界里创造这些司水的神祇，虽然是对作为客观世界一部分的水及水事活动的一种非理性曲折与幻化，但其目的是理性地管控实际上难以管控的水。神祇群作为一种超自然的象征

---

[1] 秦佳华、李子贤、杨知勇编：《西南少数民族生产习俗志》，昆明：云南民族出版社，1990：39。

符号，其神秘性和神圣性，无疑加强了人们对水的恐惧感与敬畏感，以（洪水）神话、祖先圣训等方式教诲和规约着人们的自然观，协调和处理着人—水和谐关系，不仅维护了自然生态和谐，也维护了社会生态和谐。

第二节 民议水法的规约

作为"水之子"，西南少数民族自古就认识到水资源的重要战略意义，正是水滋养了人类自身，也维系着人类社会的生产生活。水对人类有着天生的矛盾性，一是不可或缺，一是不易管控。因此，西南少数民族想象出了水背后的涉水神祇，他们拥有超人、超自然的极大神效与神威。他们正是借助了这些幻想中的涉水神祇，才象征性地管控了不易管控的水，通过一种人—神关系的维系，进而维系人—水关系。依靠各路水神管水、治水显然是一种非理性的心理诉求，而少数民族村落共同商议、制定水法的管控方式，是人类在认知人—水关系基础上的一种理性水务实践，甚至成为西南少数民族村落一种自我治理的模式。西南少数民族千百年来基于共有、共享、共管、共治的集体原则，为了公平、安全、卫生、有序地用水，集体商议、制定并实施了一系列行之有效的水法。作为一种内化于心的深层民族文化心理传承，民间水法对流域内所有社会成员均具有一种法的强制力。

云南省玉溪市峨山县塔甸彝村龙潭边，立有道光年间"源远流长"井规碑 ①：

---

① 该水规碑今天依然立在龙潭边，村里每年二月祭龙都要祭拜石碑。

头井挑饮，勿容泡桶物件；二井洗菜；三井洗衣服，勿容僭越，亦不得将土石填涨井内；再者，每月三十日，龙头①当彻洗井内洁净。以上井规，各宜谨守。违者罚银三两三分入公②。

图5-5　彝族龙潭水规碑（黄龙光　摄）

该村在嘉庆五年（1800）就修了头井，后因为水流散漫导致清浊难辨，才举村续修了二、三井。接着共议井规，就地勒石立碑。一、二、三井供挑饮、淘米洗菜、浣衣，龙潭用水的管理自此合理有序。不允许僭越，否则罚银。当时三两三分的罚数，足见井规之严。为了有效地监督井规的日常执行，公选德才兼备之人任管水"龙头"，每月三十负责彻洗井塘。同时，于每年农历二月主持全村龙潭祭龙仪式，教诲与维护井规。该"分塘而用"的井规自订立后全村严格执行，直至20世纪90年代村里用上自来水为止。

---

① "龙头"，由村里共推有个人威信、乐于奉献的已婚中年男性担当，主要负责彻洗井塘洁净，监督井规的实施以及组织二月祭龙。每年秋收后，获得象征性谷米报酬。

② 所谓入"公"，该村唐末宋初鲁姓先迁来定居，后与李、施、普、方四姓，组成村社自治机构"五姓公会"，共同治理村社山林、水源、坟茔等公共资源，以及代表村社与邻近村寨相交。直到中华人民共和国建立之初，"五姓公会"仍然具有极大的权威性。

乾隆五十五年（1790）订立的滇西弥渡县《永泉海塘碑记》云：

> 自是人物之恬煦，国赋之输纳，均沾水泽之功，尤幸前人肇造，原为后人所师是贵遵寻焉，垂久也，但不缴其原无以知始不究，其口无以晓其终自足泽。有足口不为之，最其防则必为之悔其后，恐时势之迁移，人心之变态，强者无水而有水，弱者有水而无水，思患预防而为人其患，以定规制。每年自清明后修沟开放海水或禀公公放，自远而近，或照分数分放，设坝长二人。放水一分只得将各沟应通近者方开水口，几寻沟分水平，不容持强者截挖。如若殉情不公则在坝长，若推诿疏忽，更听赔罚勿怨言，竟定为序。①

该碑记明确为防止人心不古，保证强者和弱者能够公平分水、用水，特制定水规。不仅有清明修沟自远而近放水，照分数分放等具体规则，同时为有效监督和管理水规的贯彻实施，特设坝长二人，亦可相互监督，以防在水事、水务活动中徇私推诿。

水在任何时代都是一种属于集体的公共资源，水资源的使用必须本着公共利益至上的原则。在现实生活中，因水的稀缺性以及人天生的私利心，在春播用水当口，往往出现恃强凌弱，以致"强者无水而有水，弱者有水而无水"的不公平的分配现象，从而破坏了人—水关系，也破坏了人—人关系，进而分化村落社群的团结，瓦解社群的整体凝聚力。正因为如此，村落社群为了共同的利益，对辖境内水资源权利与责任，集体共议制定并实施相应的水规，有的往往勒

---

① 黄珺主编：《云南乡规民约大观》，昆明：云南美术出版社，2010：135。

石垂久。西南少数民族水法，往往带有一种复合法的性质，不仅管控着自然的水，也治理着社会的水，即不仅协调人—水关系，也协调人—人、人—社会、社群—社群关系，更是一种水文化教育的书面和口头载体。

图 5-6　哈尼族阿倮欧滨水规　　　　（黄龙光　摄）

云南省红河州绿春县城方圆数百里内的 13 个哈尼族村落，每年农历正月首个丑日都会联合举行"阿倮欧滨"[①]大型水祭仪式。步入阿倮欧滨祭场十几米处，左侧修有一面水泥墙，墙面赫然镌刻"阿倮欧滨"水规：

阿倮欧滨祭场中心方圆五百米之内，一草一木不准采用；

———————————

① 哈尼语"阿倮欧滨"（Aqloelbyul）意为"阿倮地方泉水汩汩而出之处"，俗称"分水岭"，位于滇南绿春县城东约 7 公里处，为绿春、元阳两县分界地。

不准埋葬；不准野炊、洗澡、钓鱼；不准穿行、放牧。违者最低罚款三百六十六元，上不封顶。①

哈尼人将"阿倮欧滨"圣泉所在祭场视为圣境密地，自古有着一系列严格的禁忌，女性、外人常年一律严禁入内，主祭场只有祭司大咪谷与其助手才能进入。加上现代水规碑明文告知，阿倮欧滨方圆500里内的一草一木均受保护。从罚款数额可看出规约较为严苛，因有神圣禁忌护佑，对所有人更具威慑力。绿春年度性"阿倮欧滨"大型联合水祭仪式，以严格的民间法与现代水规一道，神圣而世俗地有效保护了仪式空间，从而持续保证了阿倮欧滨圣泉水源不断，清洁纯净，不断滋养着所辖松东河、牛孔河、规东河、泗南江、阿墨江、乌拉河、孟拉河、藤条江、金河、麻子河以及红河（下游）等流域的哈尼人。②

傣族在长期与水环境互动的过程中，创造性地归纳并制定了一系列保护水源和水环境的规约，并将其内化、上升为一种民族传统伦理道德。最早的傣族成文法《芒莱法典》，规定了各类破坏水源、水环境的惩罚条文，如严禁破坏水沟、毁坝偷水、放水捕鱼等行为，必须保护水神的祭坛，违者必受"洗寨子"等严惩。③ 傣族《土司对

---

① 黄龙光、白永芳、玉波：《绿春哈尼族"阿倮欧滨"祭祀的生态实践——兼谈哈尼族传统文化对生物多样性的保护》，《云南师范大学学报》（哲学社会科学版），2011（5）。

② 黄龙光、白永芳、玉波：《绿春哈尼族"阿倮欧滨"祭祀的生态实践——兼谈哈尼族传统文化对生物多样性的保护》，《云南师范大学学报》（哲学社会科学版），2011（5）。

③ 武弋、谢家乔：《西双版纳傣族传统"水文化"的生态伦理思想》，《边疆经济与文化》，2008（1）。

百姓的训条》规定，村寨边的树木不准砍，要保护；村寨内和竜林里的（祭）龙树不准砍；村寨水渠、水沟与水井不能随意改动，不要时也不能填平。绿春县骑马坝的傣族，20世纪50年代以前制定并严格执行水规，若毁坏水源林与相关沟渠，须按情节轻重以"36""66"的数额给予惩罚，33即罚33斤肉、33斤酒、33斤米，66即罚66斤肉、66斤酒、66斤米，如此数额在当时无疑是一个很大的负担，因此能有效规约人们的生产生活用水行为。[①]

根据水族民间水规，同一水源供多方共用时，以水的自然流向为序，按离水源远近、高低的原则轮流灌溉。如果逢天干年份、枯水季节，主要出工、引水的家户享有优先灌溉权，其他各家再轮流灌溉。每个家庭灌溉一到时限，须立即停止灌溉。禁止邻里之间偷水、抢水，一旦被发现，处以相应数额的稻谷、玉米等实物处罚。任何人不得为私利擅自更改水路，阻截水流，独占水源。如有违反而影响大众正常生产的，须视影响程度大小，处以相应的实物处罚。[②]

作为一种积极协调人—水、人—人、人—社群、社群—社群关系的民议法规，西南少数民族水法千百年来以其严厉的经济处罚和精神惩罚方式，有效地管理了特定流域内社群内及社群间合理、公正与公平的公共用（治）水。如有为一己私利而任意砍伐水源林、改沟填井、私开水口、抢水偷水、独占水源等违反水法的行为，不仅要受到数额巨大的经济惩罚，而且还要受到掘路修桥、扫寨洗井

---

① 郑晓云：《西南少数民族的水文化与当代水环境保护》，《水文化与水环境保护研究文集》，北京：中国书籍出版社，2008：31。
② 魏建功：《珠江上游地区的和谐社会建设与"民间法"研究》，《法制与社会》，2009（4）。

等劳作惩处，有的甚至采取开除寨、族籍的严重处分，对于身居传统熟人社会的任何个人而言，后者往往是最要命的惩处。西南少数民族水法自古与习惯法、村规民约相交叉，共同建构了少数民族民间法的理念及其实践，一方面有效地维护并规约着关于村落共同的水的权利与义务，另一方面也维护着村落内及村落间的地域秩序和社会生态。

图 5-7　哈尼族龙树碑　　　　　　（黄龙光　摄）

第三节　公选水倌的管护

　　西南少数民族民间涉水神祇，是人们将水及其不易控特性夸大后想象出来的，源于人们协调人—水、人—人与人—社会等多重关系的心理诉求，神祇对人们的水观念及其相应实践具有至上而神圣的管控、威慑力。作为存活在人们精神世界里的抽象神祇，水神的形象是模糊而不具体的，在现实世界里，人们需要水神的具体代理人，因此作为水神使者的水倌就被公推而出，全权代理水神在人间的角色，行使水神管水的职责。水倌都是那些德才兼备、民意基础好的人，其身份不仅是民选的，有的还是地方（政府）认可的，更是"水神神授"的。

　　西南少数民族村落、村社为了有效管水、合理用水、合力治水，共同商议、制定并实施了一系列具有民间法性质的水规，严格规约、管控着辖境内作为公共资源的水及水务、水事活动。民间水法的具体内容条款须经村社内部集体商议制定后通过，但在现实的日常水务、水事活动中，须由专门的人员来监督和实行民间水法及其实践。西南少数民族村落内历史上的"龙头"、护林员、箐长、坝长、赶沟人、分水员、水利总管等专门负责水法监督及其实施的水倌，就是这样的专门人员。水倌是具体承担监督、维护水规的一线水务人员，他们往往与祭司、头人、寨老等阶层共同组成民间水法的司法主体。水倌下由村庄民众公推而出，上受涉水神祇的"神授"，中由地方官员任命，是西南少数民族水文化的重要媒介，也是少数民族村寨管水及社会治理的关键角色。水倌在日常生活中不脱离生产，只是一个半职业的身份，获得一定数额的谷米酬劳。但是水倌身份对个人、家族而言，都是一种责任、一份功德与一种荣耀。

　　傣语将土地称为"喃领"，为"水土"之意，傣族认为水、土紧密相连，一块有价值的土地，必须有水，才能孕育植物生长、开花、结果。作为古百越后裔，傣族较早从事稻作生计，善于治水，精于用水，创造和发展了一整套先进而独到的用水技术和管水方法。傣语里称民间管水员为"板闷","板"为铜,"闷"为水沟,因管水员沿村一路鸣锣通知有关水务、水事而得名。每条主沟(渠)设"板闷龙"(正水利监)与"板闷因"(副水利监)两名进行管理,副职一般设在水头寨,正职安在水尾寨,目的在于使头尾两寨互相照应,既能避免水头寨占便宜,也不让水尾寨受损失。在每年雨季来临前,为了保证稻田用水,"板闷"须组织各村寨人力修沟护渠。沟渠是否修好、通畅,以放水的方法做测试。测试的同时,由板闷主持水神祭祀的仪式。届时,将制备好的丰盛祭品置于竹筏上,板闷现场诵读水神祭文,将竹筏从水头寨沟渠放入,"板闷"鸣锣随竹筏顺流而下,如遇阻塞,即令遇阻地段所辖村寨重新修通,并给予一定的处罚,暗示水神的不满。竹筏最后漂至尾寨后,将其上的黄布解下拿到水源处祭祀,接着在佛寺举行相应的庆典,以酬谢水神护佑。

哈尼族民间实行称为"欧嘎阿波"的赶沟人管理制度。赶沟人,顾名思义,负责主要沟渠的日常巡护以及公平分水,小工程的沟渠堵塞、坍塌、渗漏等,一般由赶沟人自己直接动手疏浚沟通。大工程的坍塌、渗漏、堵塞,要及时通知、组织沟渠所有、共用户进行集体修护,以保证沟渠常年畅通无阻。赶沟人由村社集体推选,如果本人不愿意,可另选,民众不满意则换人。"作为一名民选沟长,李贵仁负责村里8公里长的大沟,一共有58户沿沟共用该水源,栽种时节他每天要来回巡护两趟。他非常熟悉58户各家田况,以定好的木刻公平合理地给每户分水,不存有任何的偏袒和偏护。58户每年按稻谷收成支付赶沟人'沟谷',标准为每收500斤给付25斤,即收成的5%。李贵仁平时的工作主要是日常巡护沟渠,保证水流畅通,公正分水,杜绝抢水、偷水等违规行为。若遇上沟渠大崩坍,组织每户出工共同修护。逢天干水荒有人偷水，先进行说服教育，拒不接受给予相应处罚。"① 其实，赶沟人作为一线守水员、管水员，如发生较大的水事、水利纠纷，主要是及时将具体情况呈报给寨老们，与寨老们一起按照村规、水法协商处理解决。

西南少数民族对水环境及其生态的整体性有着充分的认知，水不是凭空滋生的，它往往与地质地貌、土壤、森林植被以及人类活动等息息相关。哈尼族民谚说："有林有水，有水有田，有田好养儿。"哈尼族传统村落生态序列为：林—水—田—人，它们四位一体地自成一种水文化逻辑。具体到水文化实践及其管理，哈尼族拥有赶沟人制度，负责沟渠的日常巡护和监督管理。作为涵养水源的深林、箐沟还设有箐长，负责对森林、箐沟的日常管护。其中，寨神林、水源林等是箐长必须特别看护的林木，严禁任何形式的砍伐，以保证水源汩汩。保有水源林、寨神林，才有充足的水源；有了充足的水源，才能保证梯田灌溉，才能保证稻谷丰产，哺育一代代哈尼人。

哈尼族充分认识到森林对涵养水源的重要性，因此每个村寨特设1到2名护林员，日常守护村寨森林不受破坏。护林员也不脱离生产劳动，推选出来后在固定年限内尽职守护本寨森林。护林员由哈尼族村寨内部公推而出，被推选的人往往都是那些德才兼备、有公益心、责任心的人，人们希望护林员尽责守护命根般的水源林。护林员每年可获得一定的报酬，报酬来自每户均摊资金或实收谷米。一般于每年秋收后祭祀寨神时，由寨老收齐统一支付给护林员。护林员有以下一些职责：一是保护寨神林、水源林不受毁坏；二是守护本寨森

① 李旭：《哀牢山红河哈尼梯田——改变正在发生》，《中国国家地理》，2011（6）。

林不被乱砍滥伐；三是严禁村民携带斧头、钢锯等入林，若不听劝则当场没收；四是记录违犯人姓名、违犯次数、程度，年底在村寨通告，共议处置办法；五是组织人力扑救森林大火。护林的目的就在于，维系森林—水源的自然生态循环，既保证村寨能有足够的林木使用，也保证森林繁茂，以维护水生态环境。①

水倌是西南少数民族管水实践的具体实施者，巡护、监督与管护是水倌日常具体管水工作中最核心的职责。从水的源头数起，西南少数民族的水倌有护林员、箐长、龙头、坝长、赶沟人、分水员、守水员、水利总管等，他们虽然称呼不同，但都是不脱离生产劳动、专门而不专职的管水员。水倌管水所得的报酬不多，水倌的管护工作更多的是一种公益与奉献。水倌身份首先是"神授"的，他们是人—神之间的媒介，也作为涉水神祇的人间代理人和使者，所以上要对水神负责。其次，水倌由村寨内部公推而出，代表着一种集体管水的民意，上要对地方官员、寨老等负责，下要对得起信任他们的每一个普通村民。同时，共议的水法，不仅对社群及其普通成员具有强制约束力，也对水倌本身具有强制约束力，否则，任何人都可能因水而违背神旨，违犯水法必须受到物质和精神的双重处罚。涉水神祇、民议水法与民选水倌，三合一巧妙地管护着西南少数民族水文化及其实践，尽可能地避免单个少数民族或个体成员分离、分化特定的水域社群，从而强化西南少数民族群落内部的凝聚力。

---

① 马岑晔：《哈尼族习惯法在保护森林环境中的作用》，《红河学院学报》，2010（2）。

小　结

如何对作为一种重要公共资源的水及用（治）水实践给予有效的管理，是西南少数民族千百年来在因水而起的人—人、人—社群、社群—社群等多重关系的协调和处理中，必须思考和解决的重要问题。基于公共用水的公正、公平与有序的基本原则，西南各少数民族通过理性思考，集思广益，共同商议、制定并实施了一系列严格的管水水规，水规一旦议定、施行，便对村落及其内部每一个成员产生一种民间法的约束力。为了保证这些制度条款和习惯法能够得以贯彻落实，他们往往还公推出那些口碑极好、有广泛影响力而公正无私的成员担任管护者、监督者及实施者——水倌。这样还不够，笃信万物有灵的西南各少数民族，还采借了那些与水相关的各路神祇的力量，借其神威对水管理进行神圣的威慑式监督。涉水神祇、民议水法与民选水倌三重力量，神圣与世俗结相合，非理性与理性相融合，不仅实现了对水的有效管控，而且，"因水而治"实现了对社群的社会治理。

西南少数民族的管水制度，具有自然与社会的双重生态价值，通过全面有效地规范公共用（治）水，不仅协调、处理着人—水之间的自然关系，而且协调、处理着人—人之间的社会关系，前者维护了自然生态和谐，后者维护了社会生态和谐。"正是人类因水而起的一系列水文化创造及其实践，使人类社会自身得以'因水而治'，通过积极协调、维护人—自然、人—人、人—社会、社群—社群之间的多重关系，自然地获得人类社会的可持续发展。"①因此，从这个意义上说，人—水关系协调及其处理，实际上构成了人类社会自身发展的一个重要环节和动力要素。简言之，对水的治理，往往就是对社会的治理。通过研究水文化，不仅可以细致地切分独具个性的社会结构与功能，而且可以上升到具有普世意义的人类社会历史发展的宏大叙事上来。

---

① 黄龙光：《"因水而治"——西南少数民族传统管水制度研究》，何明主编：《西南边疆民族研究》（第15辑），昆明：云南大学出版社，2014。

第六章　西南少数民族水文化的特征

西南少数民族水文化的特征，与少数民族水文化的概念、内涵与功能等都属于少数民族水文化研究的基础本体。作为本体之一，对水文化运行特征的观察、分析和总结，是少数民族水文化研究无法绕过去的。纵观目前学界对少数民族水文化的研究现状，大多数成果集中在对单一民族水文化的内涵与功能的静态描述与分析上，鲜有对少数民族水文化运行的独特性与内在规律的动态解析。同时，缺乏对较大地域范围内水生态共同体视野下水资源族际共享带来的水文化互动总体特征的阐释与总结。而这恰恰是西南少数民族水文化千百年来内源式传承的长效机制，也是西南少数民族社群之间展开全面交流和互动，从而通过共同水务实践实现民间社会自治的一种有效方式。西南少数民族水文化的特征，是西南少数民族水文化存在和运行的独特方式，我们只有认清和总结西南少数民族水文化的特征，才能揭示西南少数民族水文化的内部结构与整体面貌，才能与其他地区、其他民族的水文化进行横向比较，才能对水文化的总体内涵、特征及功能等进行全面阐析，总结少数民族水文化独特运行发展的内在规律。

西南少数民族水文化是中华水文化的重要组成部分，它具有中华水文化的共性特点，也具有鲜明的个性特征。由于历史上的种种原因，西南少数民族地区经济、社会发展相对滞后，西南少数民族水文化的总体面貌及运行规律，至今在一定程度上依然蒙着神秘的面纱，不为人所知。西南少数民族水文化，是西南各少数民族祖祖辈辈历经漫长的历史跨度，与中国西南生态屏障地区独特的自然地理空间维度对接，持续不断地创造和传承的旨在协调人与自然、人与人关系的涉水物质与精神财富的总和。总结起来，西南少数民族水文化主要有神圣性、全民性、整体性、生活化、生态性与局限性六大特征。

第一节　神圣性

人类的诞生及其社会生产、生活均离不开水，水自古对人类不仅有润泽的一面，也有施祸（旱涝）的一面。水的多或寡（缺、无）、水的不洁与肮脏都不是人所需要的，也不是人所能随意控制的，正因为水的这种流动性、不易控制性，使各少数民族长期以来对水以及与水的互动及其关系蒙上了一层神秘的光晕。千百年来一贯践行传统自然崇拜、图腾崇拜、祖先崇拜等原始信仰的西南各少数民族认为，水具有超强的能量和超自然的能力，不仅能创生天地万物人祖，也可以瞬间毁灭世间万物人祖，不仅是大自然给予人类的一种馈赠，同时作为一种威胁和风险时刻并存，于是不自然地将物质的水想象、神化为一种超人、超自然的神秘力量而存在，其背后隐藏着各路神秘的涉水神祇，于是，人—水（自然）的关系相应地就转换成了人—神的关系，人与水的适应与利用的互动就成了人通过向神献媚或诅咒，与神予人施恩或祸害的博弈。因此，在自然的水与世俗的人中间因多了司水的神，沟通着神圣与世俗的两个主体及其所代表的两个世界。

西南少数民族水文化的神圣性，首先体现在其水信仰体系上。在少数民族水信仰体系中，置于最高地位的就是涉水神祇群，各少数民族对水的崇拜，也就直接表现为对各路司水神祇的崇拜。在西南少数民族司水神祇体系中，从对原生抽象的水神崇拜，到次生具象的龙神崇拜，到（功能）衍生的天神、山神、林神、（村）寨神的崇拜，到历史记忆中的祖先神的崇拜，阵容庞杂，功效强大。傣族、哈尼族、彝族、壮族、白族、藏族等少数民族都有各自的水神，要在固定的节期进行相应的祭祀。傣族过去一年一度放水犁田栽秧时，大型水渠每三年要祭祀水神，不仅是对水渠内水流通畅、不堵等水利程序的神圣化监督，也是作为主祭的水官在村落管水权威的一种合法性神化和仪式性认定。云南省峨山县彝族每年农历二月首个子日要在龙潭、泉源处祭龙，第二天（丑日）才能进行村寨神咪嘎哈的祭祀。其中，彝族支系山苏人全村每户须献一只公鸡，一早由祭司先带花鼓舞队到山间泉源处"迎龙"。在泉源处跳花鼓舞娱神后，祭司用一只葫芦装满水象征龙神入位，率队回本村龙潭泉源，一边念祷辞，一边将葫芦里的水倒入龙潭泉源处。龙神象征物为潭边一棵善蓄水的水冬瓜树，祭司宰鸡献祭后，花鼓舞队一边打跳，一边向祭司和舞队洒水，寓意来年雨水充沛，风调雨顺。若逢天干年份，三月间再择吉日举行祭龙仪式。

图 6-1　西双版纳傣族菩提树　　　　　（黄龙光　摄）

哈尼族认为梯田源于神，首先源于开沟挖渠引水之神。哀牢山区元阳县盛村、黄草岭及绿春县坪和一带的哈尼族认为，螃蟹是管水之神，是它从泉眼里挖出泉水，是它的足迹在泥地上爬出梯田形状，教会了哈尼族修造梯田。[①] 所以，哈尼古歌唱道：

> 二月祭寨的时候，还要祭献水神，是水神螃蟹，为哈尼日夜挖掘泉眼，是水神石蚌，帮哈尼日夜守护水源，哈尼不忘螃蟹开挖水源的好处，哈尼不忘石蚌守护水源的恩情。[②]

---

① 王清华：《梯田文化论——哈尼族生态农业》，昆明：云南人民出版社，2010：231。
② 西双版纳傣族自治州民族事务委员会：《哈尼族古歌》，昆明：云南民族出版社，1992：313。

这里，哈尼族人无疑将真实可见的螃蟹、石蚌等水生动物与抽象的水神联系在了一起，而且还扩展到了水神教会人修造梯田的神圣叙事，其目的都是强化梯田及其灌溉对哈尼族的神圣性与重要性。佤族在传统"新水节"期间，先由祭司"魔巴"[①]带领寨民赴水源头祭祀水神，祭毕，寨民淘净水潭、疏通水沟、砍竹搭渠。待泉水流至寨门后，由魔巴在选定的"接新水"家举行接新水仪式，用芭蕉叶在水里轻划，象征给"水神"梳头并念赞颂，随后大家"抢水"洗脸洗头。"接新水"人家须以祭祀用米、肉和着新水煮一锅"神水饭"供全寨享用，餐毕，组织文艺联欢以娱神酬神。白族有着浓厚的本主信仰，有学者统计，与水有关的本主神，包括抗洪型、得水型两大类非人、神类、传说人物、英雄人物与普通人物等共有 27 尊。[②]四川白马藏族认为，在江河湖泊、龙潭泉源处均有水神。平武县白马藏族在"新年正月初一凌晨鸡叫头遍，各家门前点燃一堆柴火敬神，祈求农业丰收。然后去河边（井边）取水（背水者是妇女），向屋内外洒水，呼喊祖先名字并唱水歌，谓之'祈水'或'供水'"[③]。他们用取回的新水，熬茶泡酒，洗脸洗手，以示身体自当日起健康，百病自当日起被洗去。[④]西南少数民族水文化的这种神圣性，不仅使神山圣水等圣境空间神圣化，而且使其在水神信仰实践过程中实务性的整修水利等技术环节也带上了神圣义务的色彩，在民族水生态共同体内部产生强大的动员力。

---

① "魔巴"，意为"祭鬼神的人"，为佤族民间社会主持原始宗教祭祀的巫师。

② 王晓莉：《白族本主神话中的水神崇拜》，《中央民族大学学报》（哲学社会科学版），2002（3）。

③ 王家右：《（白马）藏族的宗教信仰》，《西藏研究》，1982（2）。

④ 杨冬燕：《（白马）藏族信仰习俗现状调查研究》，《西北民族研究》，2001（3）。

图 6-2　彝族穆柯玛神树年月绳缠绕　　　（黄龙光　摄）

　　西南少数民族水文化的神圣性，以各路涉水神祇为统领，采用一系列协调人—神关系的宗教观念及其实践，不仅对水利进行有效的管理，同时也通过各类全民性水神祭祀，强化着水信仰及其用水实践的神威和神效。我们应该历史地看待少数民族水文化的神圣性和神秘性，不能盲目、硬性地割裂其发生和发展的进程。事实上，也正是少数民族这些独特的原始宗教信仰及其严厉的生态规约，在今天急速推进工业化、城市化、商业化的进程中，给我们留下为数不多、大大小小的神山、竜林、神泉、圣湖、龙潭，这些宗教圣境不仅是自然生态的根基，也是社会文化生态的根脉。

第二节 全民性

"水往低处流"，作为一种特殊的液态物质，水具有永恒的流动性和充溢性特点。虽然研究中我们可以以一定的族属范围来观察和分析水文化，但水其实更多地体现出范围更广的地域性、族际性特征。一座山、一条河、一个湖往往共同属于分布散居该流域范围内的所有族群，而且这些族群在历史上曾历经反复的迁徙、择居、定居以及在此基础上的族际互动，他们围绕共同的水资源，自然构成一个水生态共同体，所以，西南少数民族水文化不仅具有民族差异性，同时具有地域整体的相似性。因此，不论在单一民族、单个村落内部来看，还是在族际、村落间而言，西南少数民族水文化都具有全民性特点，水资源及其文化总体而言是地域性共享的，围绕共同的水资源，在族际、村落间形成一种共生关系。水资源作为一种公共自然资源，某个具体水源所能润泽范围内所有村落一起拥有共同的水权，因此，但凡大大小小的水事、水务活动，从来都没有局部性和个体性，只有整体性和集体性，个体消弭于集体之中，集体吸融各个个体。我们很难想象，无论任何时代，任何一个个人如何能够单独应对和解决水的问题。为了生存和发展，西南少数民族沿水而居，因水而聚，以水为核心展开一系列共同的水事活动，从而更加团结了族群共同体，通过一种缘水而生的共生关系的建构，从而有效地协调了族际的关系，凝聚了西南少数民族地域社会。

图 6-3　彝族祭龙舞龙 （黄龙光 摄）

　　辐射西南少数民族地域所有水源、水流空间山林河湖、龙潭水井的各路大小水神，不论是天神、地神、山神、水神、龙王、村寨神、祖先神等，往往都是以群体为单位加以崇拜的集体神祇，其司水的神圣权威和神效也统照着一方方水土和居于其间的各个族群。在各种年度性或即时性（逢天旱祈雨）的水神祭祀宗教仪式中，不论是哈尼族年度性"熬玛突"，还是彝族的"咪嘎哈"节祭，往往都是先进行由祭司代表村落或族群主持的集体祭祀，而后才是单个家庭旨在祈福的家庭祭祀，家庭祭祀则由各家派出的个体代表以个体祭祀的方式进行。从各村落社会组织及其运作来看，整个仪式实践活动作为大型的村社水神祭祀，其组织和施行单靠某一个或几个人也是不可能完成的。如在彝族民间咪嘎哈祭祀中，"龙头"择选，节祭策划、通知、分工，采买物资，打扫祭场，屠宰炊爨，装饰象征物，主祭参祭，统计（份子钱），分配（"龙肉"），文艺展演娱神等，每一个具体细微的环节都需要依靠集体的力量，这样的有效分工及亲密协作，长期以来是其社会组织及其运行的有效机制。因为对每一个个体而言，能够以社群一分子的身份亲自参与水神节祭的组织活动，不仅是服从、服务集体的一种义务，更是恰当地伺候和服务神灵的一种荣耀，当然也是向神灵祈福纳吉的最佳时机和最好方式。[①]所以，个体与集体、局部与整体，在西南少数民族水神信仰仪式实践中，就这样奇妙地各居其位、各取所需而有序连接、有机整合，这种神圣的全民性，使得个体能够自然地融入集体，集体能够有效地包容个体，最后使村社、族群内部达到一种有效整合和高度凝聚。

图 6-4 彝族咪嘎哈神树祭拜 （黄龙光 摄）

西南少数民族对各司水神祇的集体崇拜，不仅体现在祭祀仪式

---

① 黄龙光：《彝族民间"咪嘎哈"仪式象征解读——以峨山彝族自治县塔甸村为个案》，《长江大学学报》（社会科学版），2009（1）。

的全民参与中，也体现在日常对各相关禁忌的恪守和遵从，如不能穿越、砍伐村寨竜林、水源林，爱护龙潭井泉沟渠等。如此以神灵的名义进行威慑的管水模式，表面上看虽不理性，但直到今天依然在发挥着很好的生态管护功能。当然，仅仅依靠神秘的宗教力量完成管水的任务是不够的，作为少数民族村社自我管理和社会自治的有效模式，他们制定和践行了一系列管水的村规民约和民族习惯法。有的民间水规和习惯法基于原始宗教的禁忌并与之紧密结合，有的出于村社自治的理性思考而单独创制，不论以口头还是以书面形式进行教导和规训，对于每一个个体来说，都具有权威法的全民性和威慑力。无论哪一个人以任何原因冒犯禁忌、违背水规，不仅是对族群、村社神祇的亵渎和大不敬，而且是对族群、村社整体利益的侵犯和破坏，是自动游离、分化社群的违犯行为，除了进行经济上的处罚外，更严厉的是诸如受神灵诅咒、逐出村社等精神惩罚。所以，"水事无小事"，西南少数民族各种相关的水神祭祀、水务活动，以神灵的名义，以集体的利益，可以实现全民号召和全民动员，出工出力不仅是一种奉献和义务，而且是一种荣耀和牺牲。

西南少数民族水文化的全民性体现在一系列水信仰仪式实践的全民参与，这囿于长期以来人们畏惧水的难以掌控性，从而创造的一套精神层面上的文化务虚行为。同时，人们出于对水的有限控制需求，组织实施着一套物质实践层面上的技术务实活动，那就是在各类水事、水务活动中，整个村落的全面动员与整个族群的全民参与。贵州彝文典籍《估哲数》中，远在哎哺时代的《史摩叩疏通九河》篇的叙述，是彝族古代水利建设的先河。书中讲道：

史摩叩时代，史摩叩本人，领哎哺众人，利用水渡船，利用旱地疏导洪水，利用山来阻海水。为防水患，为抗水灾，疏通九条河。分三条往西，纪煮和斯亚，角煮是第三条，分三条往东，省史和架鄂，符否河是第六条；分三条往南，符笃和纪垓，俄孜河是第九条。这九条大河，都被疏通了，防止了水患，免除了水灾，有这种说法。①

"史摩叩"时代是远古英雄时代，英雄往往具有超凡本领，具有超强的号召力。正是史摩叩带领众人齐心协力进行渡船、疏导洪水、阻止海水等一系列理性务实的水务实践，最后才成功防止了水患，免除了水灾。与其说这是史摩叩凭一人之力，不如说是史摩叩与众人的集体之功。

第三节　整体性

西南少数民族水文化不是作为一个文化断面或社会截面而存在的，它在常态上已超越了水（文化）本身而具备一种民族文化的整体性特征。西南少数民族水文化的整体性，一方面体现在其作为民族文化之一部分而存在，并只有在与其他部分有机连为一体时才交互地发生整体性作用；另一方面体现在水文化随自身的自然流动而包容了西南少数民族独特的社会、经济、文化等诸多方面，它不是一种纯粹精神或物质单一形式的文化载体，它因融合物质的、精神的、

---

① 贵州省民委民族语文办公室：《估哲数》，贵阳：贵州民族出版社，2000：164~166。

社会制度的等各个层面的相关内涵而集合成一个文化本体，从而具有一种集合运行的文化整体性特征。因此，从某种角度来说，观察水文化即可观察西南少数民族的社会生活。最后，也因水与生俱来的流动性，水文化的地域性往往超越其民族性，作为中国西南一个相对完整的生态圈，西南少数民族族际不仅共有境内土地、森林、水域等各种天赐自然资源，同时在长期的民族交往互动中共享具有鲜明西南地域特色的水文化，这种西南地区少数民族整体性水文化的创制和养成，不仅基于西南地区水生态共同体视野下族际分配和享用共有水资源的过程，也基于族际共同应对诸如旱涝、雪灾、雹灾、泥石流等相似水灾害的历史过程。

首先，以人类学文化整体观视之，西南少数民族水文化并不是一枚孤立的文化切片，它作为民族文化系统的一个有机组成部分，自然而然地融入西南少数民族社会生活的整体之中，只有在少数民族真实的社会生活语境中，与少数民族社会生活的其他部分发生实际联系时，它才真正产生文化意义并发生实际的社会功能。纵观少数民族各种原始信仰及其仪式实践，水不仅作为一种象征净化仪式的常用媒介物，更是一种创生天地万物、人祖的重要原生物，同时那些浩如烟海的祭水辞不论是口头的还是经籍的，又都作为一种神圣化的宗教经典，千百年来通过仪式诵唱而得以群体传承。这种以水为核心的原始宗教实践，不仅伴随着每一个人从生到死的人生旅程，也伴随着一个民族从远古一路走来的发展历程，成为其自然观、价值观和宇宙观等传统哲学思想的重要组成部分。在这个过程中，西南少数民族同时创制发明了各种治水的技术和经验在内的水务技能，同时也伴生了各类与水有关的娱神、娱人极具艺术性的文化展演。

可见，西南少数民族水文化自然嵌融于民族文化系统中，不仅与其他文化要素一道成为民族文化的有机组成部分，而且在民族文化系统中作为一种源生文化占有重要地位。水文化作为一种源生文化，不论对于壮、侗、傣、瑶等依水而居的坝区稻作民族，苗、哈尼、彝、白等半山区梯田稻作兼山地杂粮民族具有重要意义，对于傈僳、独龙、藏族等高山畜牧旱作民族也具有重要意义。西南少数民族水文化的整体性，要求我们不能将水信仰、水技术、水制度、水教育等任何一方面单独切分出来，它们神圣与世俗、物质与精神、制度与组织相互融合，相互交织，共同组成整体的少数民族水文化，整体服务于西南少数民族的社会生活。跟踪观察少数民族水文化的日常源流脉络，即可观察少数民族生产生活、宗教哲学、社会制度、文学艺术、休闲娱乐等的源流线索。总之，西南少数民族水文化的这种整体性，最终使我们"看水是水""看水不是水"。

图6-5 彝族咪嘎哈祭祀歌场 （黄龙光 摄）

作为概念的西南少数民族水文化，是西南少数民族传统文化系统的一部分，长期以来，民族文化系统从整体上全面涵盖、统摄了水文化；作为实践的西南少数民族水文化，是西南少数民族社会生活的一部分，它对西南少数民族文化生态、社会生活整体发挥着一种逆向性作用。千百年来，西南各少数民族世世代代通过组织实施一系列相关水事实践，不仅适应了西南特有横断山脉多元立体的自然环境，而且也通过各民族技术性、文化性的手段协调处理了人—水关系，建构了西南少数民族整体的自然观和生态观，从而在整体上有效维系、保护了西南少数民族文化生态系统。不论是傣族板闷制度、侗族稻鸭鱼生态系统、彝族龙潭分塘用水、哈尼族林—寨—田—水四度同构系统、藏族的神山圣湖崇拜，还是佤族山地轮歇、德昂族浇花诵经仪式等的独创性文化习俗制度，不仅维护了西南少数民族地区神山圣湖、龙潭神林等宗教性文化空间，同时通过水权的共有、水务的共议、水事的共担，通过水文化实践，实现了村落社区乃至族际关系的协调，从而在社会生态意义上实现了西南少数民族村落社会整体的民间治理。有的治理内容和效能早已超越了少数民族日常生产、生活用水的实践范畴，由外在的至上神权和共同规约的他律上升到一种内在的道德自律，使西南少数民族不仅能与天地山水林木自然和谐相处，在族际社群村落、人与人之间也能友善共居。

第四节　生活化

西南少数民族水文化自然融于其传统文化系统中，从发展的视角来看，少数民族传统文化生发、存在于一种持续的运行状态，它既是一个抽象的概念体系，也是一个具体的实践范畴，不单独以"文化"的形式抽象存在并运行，更多地表现出一种活态、动态的运势，自然融于各少数民族日常生产、生活点滴之中，具有明显的生活化特征。特别是对于那些没有本民族文字的少数民族来说，有关其水文化的神话、史诗、古歌、谚语、水技术以及作为水规的民族习惯法等，都是以代际口耳相传的实践形式活态传承运行。即使是拥有本民族文字的少数民族，其水信仰、水技术及水规约等传统水文化的主要内容，除写进其宗教经典、村规民约等文献媒介外，同时还有一套与之相应的口头传统并行，书面和口头两头并进往往是其民族文化运行及其传承的模式。总之，不论是以书面形式还是口头形式，西南少数民族水文化的践行，都具有可触可感的活态性生活化特征，不仅水（事）生活，连同其社会生活本身，水文化存在及运行生活

图 6-6　丰收的彝族山寨　　　　　　　（黄龙光　摄）

化的时空和社会化机制，都富含浓浓的生活气息。西南少数民族水文化的这种生活化特征，使水文化随着自然的水渗透于其社会生产、生活之中，使每一个个体通过日常生活浸润其中，使传统水文化教育和传习在"润物无声"中自然完成，水文化这种内在的生命气象则巧妙地融于生活气息中。

西南少数民族水文化及其存在、运行规律，难以单独从其民族文化整体系统中切分出来，它蕴含于其宗教、哲学、生计、技能、审美甚至游艺中，神圣与世俗合一，务虚与务实相统，与其日常生产息息相关，与日常生活紧密结合。所以，对少数民族水文化的研究，以其主体（水事）生活为串联进行全面观察和深入分析，是人类学文化整体观视野下最适用的研究线索。可以说，少数民族水文化源于生活，流入生活。出于人类饮水、灌溉的本能需要，人与自然千百年来不断适应，其结果就是人—水（自然）关系的不断协调，于是便逐步创造和发展出一整套的水文化系统，不仅记录人—水关系的历史进程，同时也反过来进一步指导人—水关系的良性互动与双向协调。正是在村社年度性水神祭祀、即时性祈雨仪式、掘井挖渠、掘塘筑坝、护林管水、分水灌溉等一系列水事、水务生活中，少数民族村社内部通过男女老幼分工协作，完成全民性崇水、用水、管水、护水等水文化操弄实务，不仅构建了和谐的人—水（自然）关系，也借此构建了和谐人—人、人—社关系。由此，"因水而治"协调了人与自然的关系，也团结了村社，凝聚了社群。

水资源与水事务的公共性，赋予水文化及其实践的公共性与群体性。个体的生活融于群体的生活，即使在社会生产、生活集体性逐渐消解的今天，水利、水务等水事实践也往往事关民族甚至族际地域共同体的整体利益，可以说，只要民间生活不停止，水文化就不会断流。西南少数民族水文化缘于生活、用于生活、管于生活，对于水文化的这种生活化特征，如果我们不进行全面深入的观察，可能会被零散的民间社会生活本身遮蔽和淹没，但正是这种与生活合一的生活化特征，赋予少数民族传统水文化活态传承和可持续发展的内在动力。西南少数民族村社内不论男女老幼，一律通过参与一系列大大小小的水事活动，一代代自小从上一代人手里，现场式即时性习和继承了水文化的精髓，有时往往就是祖父孙三代齐上阵，共同治水，我们甚至可以说，民族文化传承流中，不仅有知识、经验、技术含量的逐代转移，而且有理念、（历史）记忆与情感的纵向互动。西南少数民族水文化的生活化教育、传承模式，没有特设的时间和特定的空间，这个实践时空具有灵活而极强的可塑性，所有大大小小的生活时空都可以是其习的有效时空。为了养成一个利水的共同社会，水文化就这样在代与代之间，面对面、手把手自然地完成了自然高效的活态传习。一言以蔽之，西南少数民族水文化，是一种分层不明显的全民文化，在生活化的日常语境和社会情境中，人们共同创制，共同享有，共同守护着民族水文化。

第五节 生态性

千百年来，西南少数民族水文化作为一种独特的地方性生态智慧，是旨在协调人与自然可持续综合发展的生态观及其一系列生态实践。纵观少数民族水文化体系，人—水（自然）关系不是一种互相对立的紧张关系，在各少数民族的水神话史诗中，无论是对创世的水的虔诚感恩，还是遭遇灭世洪水后的自我省思，都是一种自我内部的自治、自律观念及其实践的神圣表征。在各类大小水神祭祀仪式中，人们往往采取献祭的感性方式来取悦各路神祇，同时在对水进行非理性崇拜的同时，理性地创制和使用各种有效的治水技术及工具，都是一种不断地、缓慢地适应自然的过程及其结果，严禁各种对（水）自然（资源）的肆意侵犯。各民族笃信"万物有灵"，在日常生活中人—水关系的展开和维系，基本上出于一种"物我平等"的观念，因此最后能够达到一种互动、共生相对和谐的态势。"人类最初的生产实践行为皆为手工。手工技艺是农业文明时期最重要的动力模式及生产方式。"①在各少数民族地区，由于过去长期缺乏现代科技手段及大型机械设备，几乎所有的水务、水利工程的完成，基本都依靠群体的手工技能及有限的小型铁器等简单工具，更多的是因地制宜、就地取材而制的如石、竹、木、陶等水利设施。这些累积数十代的治水经验、技术及智慧，对（水）自然的改变和破坏程度几乎可以忽略不计，同时还蕴含自然生态与人文情怀，诸如水塘、水车、水碾、水井等水技术符号在今天成为珍贵的水文化遗产。

整体而言，水文化就是一种生态文化。基于西南少数民族水文化的涵融性、整体性特征，与其生态实践的全民性、生活化模式，其生态内涵早已远远超越了单一的自然生态范畴，而极具文化生态和社会生态内涵。从这个意义上说，西南少数民族水文化具有自然生态、文化生态与社会生态三态合一的综合生态价值。

---

① 方李莉：《本土性的现代化如何实践——以景德镇传统陶瓷手工技艺传承的研究为例》，《南京艺术学院学报》（美术与设计版），2008（6）。

图 6-7　贵州西江千户苗寨　　　　　（刘兴禄 摄）

以崇水、惜水、护水为核心的西南少数民族水信仰体系，一直以来以宗教的神圣力量维护着西南少数民族地区的自然生态，那些神山、竜林、密枝林、泉源、寨神林、水源林、风水林、圣湖、龙潭、水井都因属于水神栖居的圣境而受到禁忌保护。它们在今天工业化、商业化与城镇化的冲击下，为我们留存了为数不多的纯净水源地。同时，少数民族传统水技术及设施，基本上都是依靠手工技能及就地取制，在遵循不破坏（水）自然生态的原则下，构思巧妙，手工纯熟，极富生态智慧。在各类神圣水禁忌的威慑和各种严厉水规的规约下，西南少数民族村落的社会秩序得以"因水而治"，因此，少数民族水文化极具社会生态意义。再者，在参与各类水事活动（特别是治水）中，村落男女老少通过一系列的分工协作与紧密团结，能有效消弭平日可能存在的家庭与个人恩怨，年少者也因水事参与顺利实现了其社会化过程，在关乎公共利益的水治问题上，个体服从集体，集体涵容个体，从而实现了社群内部的高度凝聚，增强了其应对各种突发性灾难的整体力量，这是西南少数民族水文化的社会生态实践及其结果。西南少数民族水文化的生态内涵，体现在其作为民族传统文化重要组成部分的良性传习，以及通过水事活动顺势传承和保护了其他相关文化要素，从而维系了作为一个整体的文化生态。男女老少各成员通过参与包括水神祭祀、防洪治水等一系列水事活动，不仅自然传习了民族水文化观念、记忆、知识、技能与经验，而且增强了其民族凝聚力及自信心。这种耳濡目染、口授手传的水文化，因村社共同治水的使命感与合法性，自然而然地深入人心，历久弥新，极富文化生态意义。

图 6-8　哈尼梯田家园　　　　　　（黄龙光　摄）

第六节　局限性

西南少数民族水文化历经千百年，是各少数民族祖祖辈辈不断适应其特定自然（水）环境的物质和精神创造累积的成果，具有浓郁的民族性和鲜明的地域性特征。当今，随着人口数量的急剧增长，工业化、城镇化裹挟着商业化的浪潮扑面而来，科学主义俨然已成为一种新的"拜物教"，在现代性的社会语境下，客观而言，西南少数民族水文化也表现出一定的局限性。

西南少数民族水文化的源头，根柢在于披着神秘外衣的少数民族原始信仰，也正是因为少数民族水文化被神秘主义的迷纱包裹着，长期以来让人们雾里看花，难认其真面目。在意识形态纷争的历史年代，西南少数民族水文化还一度被视为封建迷信遭到严重破坏。西南少数民族将物质的水在某种程度上神化，是在社会生产力相对低下，出于对难以掌控的水的一种控制性幻化处理，其文化逻辑是"物我同一"的认知论，认为水背后都依附着司水的神祇，借助神权的威慑进而达到治水以及治理社会的目的。总体上，西南少数民族对水的创生本质及其流动、液态等本质特征的认识是清晰、理性的，对治水进而治社目的的认识和实践也是清晰、理性的，只是在神化治水的宗教实践上才采用了非理性的手段。对于少数民族的原始信仰、文化习俗，我们应该历史地看待，它有着自身发生、发展、消亡的漫长历史，不能妄加简单、粗暴的价值判断和人为干扰。更何况，那些护林、惜水、管水的原始水信仰与文化习俗，直到今天还仍然发挥着生态维护的功能。

主要依靠手工技术的西南少数民族传统治水技术，现在来看，治水效率低下，治水效果有限。各少数民族世代发挥聪明才智，集思广益，使用日常生活中的土、石、木、竹、藤条等自然材料，使用刀、斧、锯、锤、锄、镰、钎等简单的铁制工具，加以水（冷）、火（热）与阻挡、疏浚等人工方法，充分利用地势、地形、风向，适时调整基础水利设施的角度，创制了一整套极富创造力的取水、用水、控水、治水等技能和方法。这些看似简单的手工水利技术和方法，因地制宜，构思巧妙，运转灵活，低碳环保。不过，工具的简单、材料的粗糙以及手工技能的限制等因素，使得西南少数民族用水技术使用年限较短，难以抵挡特大洪涝灾害所带来的破坏，总体而言综合效率较低。另一方面，也正是因为治水材料易破损、易腐蚀，所以全民性年度修护各种水利设施，成为西南少数民族日常治水生活的常态化工作。同时，也正是因为以全民为单位参与祭水、治水、护水、管水等村社水事活动，因水、借水实现了村社自我社会秩序的构建和维护，完成了各少数民族村社内部的社会生态治理。因此，我们说少数民族地区的水问题不是仅凭技术就能完满解决的，如何使现代大型水利设备和先进技术更好地与民族民间水观念、水技术相结合，是当前各级水利主管和技术部门亟须考虑的问题。

西南少数民族水文化的传承和教育模式独特，它采用的是上一代对下一代基于现场的口传身教。这种文化教育传承模式的前提，是在相对固定的社会生活场景中，全村社男女老少共同面对严峻的治水危机，其优点是现场参与式体验，以及面对面、口手相传所带来的真实感、震撼感与责任感，往往能在特定时刻超越个人、个体的利益，最后因亲身参与、记忆深刻而使水文化的传承教育达到一种极佳的效果。但水文化这种有效的教育传承，要求有水事现场情境，加上以口头和身体为媒介，在流动性极大的当代社会背景下，存在一定的局限性。众所周知，口耳相传的历史记忆、知识习俗，往往易随时间的流逝而逸散、失忆、变异。即使有的少数民族拥有本民族的文字，但其文字的使用范围和流传效能较小，总体上不利于水文化的现代传承、教育与发展。所以，我们必须进一步加强对水文化精髓的挖掘和整理，将其与主流的现代学校教育和社会教育有机结合起来，这样才能全面传承、教育和弘扬少数民族水文化。对于西南少数民族管水制度中的禁忌、规约、习惯法，我们要认真谨慎地加以分类和区分，对其中那些诸如神判、诅咒等落后的成分加以有效剔除，积极将其中的合理部分与国家和地方相关水利法规结合，共同治水，相得益彰。

小　结

综上所述，神圣性、全民性、整体性、生活化、生态性是西南少数民族水文化自身存在和运行的特点，而局限性是我们将少数民族水文化置于当代社会背景下所呈现出来的时代特点。这样的总结，相对符合西南少数民族水文化在历时与共时两个维度上体现出来的共同特点。我们应认识到，西南少数民族水文化的神圣性、全民性、整体性、生活化、生态性中任何一个特点，事实上在日常的水事活动中，均不可能单独存在和运行，它们共同构成一个文化整体，在西南少数民族水文化及其实践中，共时存在，同时表征。

随着各种现代水利科技手段的快速发展，一方面使西南少数民族水文化逐渐呈现出一定的局限性，这是我们客观认识民族传统文化的一个时代语境。但另一方面，应用各类现代大型水利技术手段，虽然我们可以在很大程度上改造、改变、转换自然的水格局，但有的以"治水""利水"之名而开发的水利设施，却常常引发一系列以人为旱涝、污染等生态灾害收尾的悲剧。在开发各种水利资源时，我们应对看起来似乎无所不能的"技术主义"有所警惕，有效汲取少数民族水文化中那些人—水和谐的生态技术和生态智慧，在人与自然和谐相处的相对平等观下，敬畏自然，适度开发，可持续发展，全面保护水生态平衡。

第七章　西南少数民族水文化的生态解析

水不仅是人类自身繁衍、生息的重要战略资源，更是人类经济、社会可持续发展的重要物质保障。西南少数民族千百年来围绕水而创造、传承的一系列水文化，即主要表现为水观念、水技术、水制度三位一体的社会文化系统，不仅是他们长期应对西南地区独特自然环境而创造出来的人—水关系观念及其实践的结果，更是西南少数民族社会实行的一套自我管理的惯习制度。西南少数民族水文化，较好地处理了人与自然、人与人、人与社会以及社群与社群之间的多重关系，极富自然生态、文化生态、社会生态三重和谐的现实意义。作为一种极富生态意蕴的源文化，传承和保护西南少数民族水文化，无疑对当代生态和谐社会的构建具有重要的促进和推动作用。

随着当代社会人口剧增，现代工业化、城市化及商业化的快速推进，水环境恶化、饮用水匮乏、水体水质污染等水问题越来越突出，随着人—水关系的失和乃至进一步恶化，水困境直接影响着当代人类社会的可持续发展，制约着生态和谐社会的稳步构建。西南少数民族水文化作为少数民族传统文化的重要内容，对维护自然、文化与社会整体生态和谐具有重要的维护和稳固作用。西南少数民族水文化所蕴含的、最终指向人—水和谐的水观念、水技术、水管理制度、水文化教育等内涵，具有重要的生态意义及传承价值。对全社会成员展开水文化教育和熏陶，重建人—水和谐的生态意识和环保观念，对早日构建民族地区生态和谐社会，亦具有重要的现实意义。

第一节　当代生态和谐社会的理念及内涵

党的十六届四中全会首次提出"构建社会主义和谐社会"的执政理念后，胡锦涛总书记在省部级主要领导干部提高构建社会主义和谐社会能力专题研讨班开班仪式上，对社会主义和谐社会的基本特征做了进一步阐述："我们所要建设的社会主义和谐社会，应该是民主法治、公平正义、诚信友爱、充满活力、安定有序、人与自然和谐相处的社会。"这是我们党领导集体对社会主义和谐社会理论思考的新突破。认真理解和把握构建社会主义和谐社会的内涵和特征，对我们全面落实科学发展观具有重要的指导意义。"人与自然和谐相处"，就是生产发展、生活富裕、生态良好。其中，生产发展是生活富裕的基础和前提，生活富裕是生产发展的动因和目标，生态良好是生产发展和生活富裕的保证和条件。生态良好不仅是构建当代社会主义和谐社会的基础自然条件，也是和谐社会良性运行和健康发展的状态及结果。

人总是生活在一定的自然生态环境中，为了自身的生存和发展，需要不断地同自然进行各种物质、能量的双向交流，并通过适应自然和改造自然来满足自身一系列的发展需求。所以，作为一种始终处于一定自然环境中的高等智能生物，人首先必须处理好与自然的关系。事实上，人类社会千万年的发展史，从某种角度上来说，就是人与自然不断相互调适的关系史。"天人合一""道法自然"的哲学内涵都是中国传统人与自然关系的精辟总结。同时，人作为一种群居生物，"聚众而居""聚族而居"是人类社会性的写照。因此，人本身是各种社会关系的总和，社会要良性运行和健康发展，必须处理好人与人、人与社会、社群与社群之间的多重社会关系。人与人之间保持和谐友好、睦邻相和，人与社会保持稳定互动，才能使整个社会达到整体的和谐状态。

由于人类社会自我管理的集约性组织结构及其运行特点，在处理人与自然关系的同时，人们自然也顺势处理了人与人、人与社会、社群与社群之间的关系。如果处理不好人与自然的关系，就不能实现生产发展、生活富裕和生态良好的三合一整体发展目的，就不能最终实现人与自然的和谐相处。生产落后、生活贫困、生态恶化，其中任何一个问题的出现和存在，都会对我们和谐社会的构建和维护造成致命的伤害和破坏，由此必然引发人与自然关系的失和，引起人与人之间的冲突和矛盾，也就造成人与社会、社群与社群之间关系的失和与交恶。因此，正确妥善处理人与自然的关系，保持人与自然和谐相处，是构建社会主义和谐社会的首要条件。

一、生态和谐社会的理念

我们提从"和谐社会"到"生态和谐社会"，并不只是为了强调和凸显生态和谐与和谐生态的重要性。我们提出"生态和谐社会"的概念，不仅是对当前社会主义和谐社会及其建设理论与实践的不断探索的延续，也是对"和谐"概念的内涵与外延不断深入思考的结果，更是当代人类社会生态环境恶化，亟须重建人与自然和谐关系的理性生态观及其实践，以满足人类进一步可持续发展经济、社会诉求的需要。

我们认为，生态是人地关系之间自然保持的一种可持续状态，至少它应该包括自然生态、社会生态和文化生态三层内涵。其中，自然生态是基本的也是首要的内容，因为任何人类社会的生产生活离开了自然就无从谈起，大自然是人类社会的衣食来源。大自然是人类的母亲，作为"自然之子"的我们必须善待自然、反哺自然，而不是毫无节制地一味向自然攫取和掠夺。其次，一个民族之所以成为一个民族，除了首先要面对、立足于一定的自然环境之中，还在于建立在一种独特生活方式上的文化传统及其蕴含的价值。因此，民族文化的传承和发展就涉及文化生态的维系问题。各民族文化在人类文化生态系统中，占据着各自的位置，发挥着立体、多元共生的功能，共同构成一个人类文化生态共同体。一旦某个民族的文化传统断根了，作为一个整体的文化生态系统中的文化链接就脱节了，最终也就难免陷入文化生态失衡、生态恶化的发展陷阱。从生物的人到社会的人不仅是人的文化化的结果，更是社会化的结果。作为一种群居性社会动物，人的社会属性使得"三人成众"，从而结成一定的社会群体聚族而生。每一个个体自出生就是有不同个性的，在个体一生的发展过程中，首先必考虑一己之私利，而族类在生存发展面前也总留有自我群体的私利，因此，社会的集体利益和个人的个体利益之间，总是此消彼长，不停地博弈。要保证作为共同体的人类社会的健康运行和良性发展，人与人、个人与社会的关系就必须进行适当地调适。法律规约、道德习俗等都是用来规范个人和群体行为的，社会运行必须依靠一整套的社会控制手段和方法，才能维持社会秩序稳定、社会生态良好的局面。千万年来，旨在人与自然和谐的人类传统自然观，长期以来特别是在人类进入现代工业社会后，受"人类中心主义"观念及其实践的影响，不断遭到破坏，致使当代社会产生各种影响人类社会可持续发展的生态问题。社会生态主要指人与人、人与社会、社群与社群之间关系的可持续状态，社会生态和谐包括人与人、个体与群体、社群与社群多重社会关系和谐，以及社会秩序、社会道德、社会制度及其存在状态的总体平衡。个体的顺利社会化的社群的整体有效运作、社会生活的有序展开、公序良俗的有机互动等都是社会生态和谐的目标。文化生态基于一个人类文化整体观的视角，文化生态和谐指我文化与他文化、内文化与外文化、传统文化与现代文化间能够多元、共生、互融，能够互相包容，求同存异，民族文化能够在新的社会语境下吐故纳新、有效继承与创新发展。在民族文化的传承发展中，面对历史传统不抱残守旧，面对外来文化也不断根式全盘接受。

　　生态和谐社会，是侧重于从文化生态的角度提出的一个人类理想社会。这里所说的生态，是一个复合生态的概念，不单纯指自然生态。它包含自然生态、文化生态与社会生态三层内涵，它们三位一体，有机链接而成一个自然—社会—文化的综合生态系统。其中，自然生态和谐是物质基础，它要求人与自然要和谐相处，人与自然才能可持续和谐共生。文化生态和谐指的是要尊重文化差异，多元共生，继承与创新共举，美美与共，天下和谐。社会生态和谐指要本着以社会利益为上的原则，在人与人之间、社群与社群之间讲求和睦友善，团结亲和，这样才能构建一个良善和谐的社会。三个层面的和谐，都首先要基于人与自然的和谐，而人与自然的和谐，又首先得依靠人—水关系的和谐，因此水文化在其中起着至关重要的作用。反过来，人类在与水的长期互动关系中，也通过观水、识水、用水、治水、管水等一系列水事活动实践，不断地总结、培养和传承使各方和谐统一的文化运行模式，从而不仅高效地组织和管理各项社会职能，同时也在不断修复、维护与重构人与自然的和谐关系。

二、生态和谐社会的意义

生态和谐社会概念的提出，是对当代和谐社会理论研究的进一步思考及深入研究。对生态和谐社会构建路径的探讨，是对当代和谐社会构建实践、实证研究的进一步延续。生态和谐社会概念的提出及其构建实践研究，具有促进自然生态、文化生态与社会生态综合生态和谐的意义。

人类自启蒙以来，传统的自然观悄然发生了改变，从自然的自然观到工业的自然观的发展，陷入了一个自然理性工具论的陷阱。长期天人合一的自然被高度客体化，自然在人与自然生态共同体的主体身份被剥夺，它只被作为人类认识、利用的一个客体而存在，在人类的自然观及其具体实践过程中，自然被快速地过度开发和利用，超出了自然生态系统自身所能承受的极限，破坏了自然生态系统的平衡，造成人—自然之间关系的紧张和冲突。人—自然关系冲突最主要的表现，就是自然资源包括水、能源等的过度消耗、枯竭，洪涝、地震、海啸、泥石流等自然灾害频发，使人类生命、财产遭受巨大损失，制约和影响着人类社会的可持续发展。自然界中的土壤、水分、空气、动物、植物、微生物以及人类，都是整个自然生态系统中的内部构成要素，它们之间是一种多元、互动、共生的结构关系。保持自然生态平衡的关键，主要在于维持自然—人与人—自然之间的和谐关系。

随着当代经济全球化的进一步发展和中外文化交流的进一步加强，那些曾积淀民族历史记忆、富含文化生态价值与民族精神的传统文化，正在经历一系列前所未有的变迁。民族文化是一个民族赖以存在的基础和身份认同的根本，也是各民族千百年来有关物质和精神创造的总和，文化的变迁和发展必然要历经不断的扬弃和传承，这是一个生生不息的可持续过程，所以要有一种发展的历史眼光，秉承民族、地域文化多元平等的视角，全面认识、传承与发展民族文化。面对强势文化，我们既不应急速地抛弃自己的传统，使文化断根，也不可能自我封闭孤立地坚守文化，而是要在尊重文化差异的前提下，使古今中外多元文化平等、和谐地对话、交流与发展，实现文化生态的总体平衡与和谐。

维护社会生态和谐，不仅要发挥法律的强制规约作用，还要依靠包括道德、传统习俗等软文化参与的社会化，培养合格的社会成员，既赋予其享受社会福利的权利，又规定其必须承担的社会责任，同时营造互相尊重的良好氛围，真正维护社会生态的平衡和谐。这样，人与人之间才能相互尊重，社群与社群之间也才能消除误解，和睦相处，平等发展，最终实现整个人类社会的长久稳定与和谐发展。

三、少数民族生态和谐社会

少数民族生态和谐社会建设，是在当今少数民族地区因急速步入现代化行列导致生态失衡，特别是水环境变迁的现实条件下提出来的。作为社会主义生态文明的一个重要组成部分，它是社会主义和谐社会建设的重要组成部分。千百年来，少数民族地区以自我独特的民族文化传统体系，相对和谐地调适、维系着人—自然、人—人、人—社会、社群—社群之间多重社会关系。但随着当代人口的不断增长，商业化强势的全面渗透，特别是因矿业开发，橡胶、烟草、茶叶等现代经济作物的大规模商业化种植，西南少数民族地区原生地质结构、森林植被、水系网络、气候条件等核心生态要素均受到不同程度的破坏，进而出现旱涝、山体滑坡、泥石流、水质污染等一系列生态灾害，导致人与自然、人与人、人与社会之间出现紧张对立的结果，严重制约了西南少数民族地区经济社会的可持续发展。作为一种连锁反应，自然生态的失衡必然随之带来文化生态和社会生态的失衡。所以，少数民族生态和谐社会建设的提出，不仅出于进一步推动少数民族社会经济可持续发展的目的，而且指向修复、重建及传承少数民族生态文化的目标。

少数民族生态和谐社会建设的目标，简单说，就是在少数民族地区经济社会发展的基础上，逐步实现人与自然、人与人、人与社会整体和谐的状态。具体来说，自然生态的和谐，就是指我们要自觉传承人与自然和谐共处的传统自然观，避免其他地区"人类中心主义"下将自然客体化的错误，对作为大地母亲的自然心存敬意，心怀感恩，再不能无限制地向大自然过多索取，在真正尊重自然生态循环规律的基础上，最终达到少数民族地区人与自然和谐共生的目的。文化生态的和谐，主要指我们要基于人类学文化相对观，在任何时代背景下，对民族文化都不妄加价值评判，每一个民族的文化都有其独特的价值，在整体的文化生态系统中都发挥着各自应有的功能。对于传统文化和外来文化，我们一方面不能妄自尊大，不能恪守文化保守主义而使民族文化发展停滞不前甚至倒退，从文化发展的规律来看，这既不客观也不现实。另一方面，我们也不能妄自菲薄，忘记历史，抛弃传统，这样不仅数典忘祖，而且可能随着文化的断根、消失而导致民族的自我消亡。文化生态和谐的终极目的，就是使各民族文化多元、和合、共生。社会生态和谐，就是指人与人、人与社会、社群与社群之间的友善和谐。在保障社会健康运行与良性发展的基础上，使每个个体能够顺利实现社会化，使人与人、人与社会、社群与社群之间和谐共处，最后使整个社会维系和运行安定、有序、和谐。

第二节　西南少数民族水文化的生态内涵

水作为人类文明的重要物质基础，是人类自身和社会发展不可或缺的重要资源。西南少数民族水文化，是西南各少数民族千百年来应对、适应各自所处水环境，在一系列集体水事、水务活动中，世代创造和积累的有关水的物质财富和精神财富的总和，是少数民族传统文化中的重要组成部分。西南少数民族水文化作为一种旨在协调人—水关系的文化创造及其实践，具有较强的现代生态价值。西南少数民族水文化，千百年来较好地协调、处理了人与自然、人与人、人与社会的关系，使其达到一种整体生态和谐的状态。西南少数民族水文化的生态和谐意义，主要包含自然生态和谐、文化生态和谐与社会生态和谐三个层次。

一、自然生态和谐

　　一方水土养一方人，可以说，自然界一切生物的繁衍生息均离不开水。人类自身的生存与社会的发展，必须依赖作为重要战略资源的水。在西南少数民族水文化中，关于水创世与灭世，水生、灭人祖的神话，古歌与史诗演述，不仅折射出各民族先祖对水及其本质最初的认知和叙事，而且也说明了人们对水敬畏、尊重的态度和观念，说明人们早在数千年前就已破译了水文化的密码，即水的生殖力、创造力与不易操控性，以及营造人—水和谐关系对人类自身的重要意义。日常生活中世俗的口头训诫和道德说教，早已唤不醒天生自私自利的人类群体，因此便用人类远古旱涝大灾害神话的历史教训，不断地强化人们对水以及社会道德的文化记忆。所以，西南少数民族诸如爱林、护林、敬水、惜水等传统水观念，无疑是人与自然和谐相处生态观念的自然表述及其实践。而西南少数民族敬水、祭水、护水等一系列神圣祭祀仪式，则是他们协调人与自然和谐关系的宗教践行。

　　"有了'神'，水源就可以得到保护，不遭遇破坏……不是水神的出现，造成了迷信，而是人把迷信强加到水神的身上，从而使人们创造水神的初衷，受到扭曲。"[①]西南少数民族水文化中的各种信仰观念及其仪式实践，是人将水这种自然物进行了人格化的处理，赋予水与人一样的魂灵和生命，这是一种将水进行超自然处理的观念及其表达。所以，要像尊重人类自身一样尊重水，顺应自然，适

---

① 丘振声：《壮族水文化发微》，《民族艺术研究》，1998（4）。

应自然，不伤害水，不破坏水环境。这种涉水观念及其实践活动，不断地通过集体仪式的方式，得到社群成员一致的确认和强化。反过来，人们借助水超自然的神力和神威，以神灵的名义规训有关人—水共处、平等、和谐的理念，对社群成员进行心灵根植和神圣教诲，使其彻底深入人心，嵌入骨髓，并保证每个人在日常生产生活中切实做到自律和自我约束，不做任何破坏水环境、水生态的事情，而是要主动承担育林、敬水、惜水、爱水、护水的社会责任。

图 7-1　哈尼梯田稻作　　　　（黄龙光 摄）

西南少数民族水文化中各种用水方式与技术，基本上都是就地取材，因地制宜，不过多地毁林开荒，尽量不破坏原有地势、地表结构，对水资源取之有道，用之有度，能够有效地维护整个水生态系统的有效循环和良性运作。从事山地稻作的哈尼族视水为命根，哈尼古歌《开田种谷》篇唱道：

　　　　草籽和水最亲,喝过水的草籽是哪样? 就是金闪闪的谷子。
从此啊,哈尼再也离不开水了,水像哈尼的阿妈一样亲! 是呢,
先祖的后辈儿孙,水成了哈尼的命。快用双手扒开山岩中的枯
叶,快用双脚蹬开岩脚的乱石,快去把封住水口的石头搬开啊,
快把亲亲的水娘①领出来啊! ②

　　哈尼族将水视同自己的娘亲,这种文化血缘关系的大胆拟构,
足以说明水对哈尼族生存发展的至关重要性,以及哈尼族对此认识
的深刻性。后来,哈尼族祖祖辈辈创制出了独特的水文化,即森林、
村寨、梯田、河流的"四度同构"水生态循环系统。彝族传统龙潭
水源林的养育与保护及其分塘而用的节能方法;傣族传统的水井开
掘与水源林保护,沟渠的开挖翻修以及维护技术;壮族的竹筒分水
及水碾水磨,等等,无不充满着西南少数民族水文化的生态智慧和
生态意义。

二、文化生态和谐

　　水作为一种极其重要的物质资源,自古以来人类社会就围绕着
水,创造了以水观念、水技术、水管理、水教育等为核心的水文化系统。
从水天生具有的生殖、创生的特质看,水文化构成民族传统文化的
重要组成部分,它属于一种根性文化。水文化不仅使人类相对从容
地面对自然,同时也使人类通过水务、水事活动,认清自我,管理自我。

---

① 哈尼族把谷子称为"金谷娘",把水称为"水娘"。
② 西双版纳傣族自治州民族事务委员会:《哈尼族古歌》,昆明:云南民族出
　　版社,1992:102。

随着水的自然流动性，水文化打通、串联、接续了民族文化中的其他部分，例如历史与现代、精神与器物、文化与制度、有形与无形文化等，它像黏合剂一样，紧紧地维系、保持着整个民族传统文化生态系统的平衡与和谐发展。因此，西南少数民族水文化不论在何时何地，对于西南少数民族社会的可持续发展来说，都具有重要的传承价值与现实意义。

图7-2　彝族祭龙公房打跳　　　　（黄龙光 摄）

水文化作为一种源生文化，是西南少数民族传统文化系统中最原初的本文化，无论社会变迁如何剧烈、动荡，无论遭遇多么强烈的外来文化的冲击，都是值得每一个民族成员珍惜且必须代代相传的核心文化传统。西南少数民族水文化中的水观念、水信仰、水生态等内涵，虽然部分地穿着自然崇拜、有神论的神秘外衣，但我们要历史地、辩证地看待这个问题，它们有着自身产生、发展与消亡的特定历史背景及规律，对西南少数民族地区生态系统的维护发挥着重要的功能。现代先进水利技术、环保节水等水文化内涵，是我们继承、发展少数民族传统水文化时，本着"为我所用"的原则而适时吸收、涵化、改造、创新的部分。所以，传承西南少数民族水文化，并不是要孤立地死守固有的传统，而是要心怀开放包容、兼容并蓄的文化胸襟，处理水文化中传统与现代、民族与外来的关系，积极创造出一种当代多元和谐的新型水文化生态系统。

　　西南少数民族水文化，犹如水自身一样汩汩而流，泽被一定地域范围的每一个少数民族及其社会成员。水文化凭借其不可或缺的重要地位，以民间集体水事活动的方式，强烈地吸纳着每一个社会成员。千百年来，在西南少数民族村寨里，每一个人从小到大通过亲身参与水务实践的方式，体验、认知、传习着传统水文化的精髓。在彝族毕摩经籍创世史诗《查姆》的吟诵中，开篇有"亲亲的阿哥，亲亲的阿姐，请慢慢听彝家的'查'①，请细细听彝家的根"②。哈尼族古歌唱诵中，歌手总以"萨——依——萨！讲了，亲亲的一娘生的兄弟姐妹！"③开篇，这不仅是提醒众人古歌开唱的提示语，更是其民族文化的一种现场教育与传授，其中就有造田造地、开田种谷、洪水泛滥等水文化叙唱。西南少数民族水文化就这样在代与代之间，由老一辈人向年轻人口传心授地孜孜传习。作为民族文化的核心文化，水文化也因此带动和牵连了其他民族文化的传习，这样持续不断地以水文化为核心，在代与代之间承接了一条民族传统文化传承链。只要这条传承链条不断裂，整个民族传统文化生态系统就不会

---

① "查"，彝语，意为起源。
② 郭思九、陶学良：《查姆》，昆明：云南人民出版社，2009：3。
③ 西双版纳傣族自治州民族事务委员会：《哈尼族古歌》，昆明：云南民族出版社，1992：102。

遭到结构性破坏。从这个角度来说，西南少数民族水文化具有维护民族文化生态和谐的意义。

三、社会生态和谐

人与人通过缔结婚姻组成家庭，家庭与家庭犹如细胞一样，构成社会这个人类最大的群体单位。社会关系是人与人、群与群之间各种关系的总和，社会要良性运行和健康发展，就必须维护和谐统一的社会关系网络。西南少数民族水文化，夹带、裹挟了民族其他的传统文化，因水资源的公共性和共享性特质，以水文化的名义，千百年来有效地协调着人与人、人与社会、群与群的各种社会关系，维护着整个少数民族社会生态系统的良性运行。西南少数民族水文化使人更有人性，使社群更加凝聚团结，使社会结构及其运行更加井然有序，使整个社会生态更加和谐。

图 7-3　佤族村寨　　　　　　　　（黄龙光　摄）

　　作为集体的社会要运行，必须按其发展要求赋予每一个社会成员一定的角色并规定责任。但囿于人个体化的本性使然，个人总在不断地试图僭越集体的规约，以脱离社会的整合，因此，社会和个人总处于这种张力的持续博弈之中。西南少数民族水文化，通过周期性地展开集体水事、水务活动，将社群成员不论高低贵贱、男女老幼，通通吸纳到其中，以一定的社会分工与明确的责任，共同创造、传承及共享着水文化。哈尼族创造了举世闻名的大地景观山地梯田，其生态稻作依靠常年流水不断的梯田灌溉，而梯田灌溉必须依靠大量的沟渠纵横分布输水来完成。兴修沟渠关系到梯田农耕的成败，事关村寨的集体大事，它有时超越了一村一寨小范围的小利益。沟渠往往跨州连县，盘山绕岭，密如蛛网，灌区内所有人都视沟渠为生命，对沟渠的开挖、护理有着义不容辞的责任。哈尼族不但开创了相应的沟长制度，而且平日只要沟渠稍有破损，谁见谁修，蔚然成风。[1]周期性集体化水事活动，使个人之间的恩怨和隔阂，在互相的配合和协作的润滑中逐渐消弭殆尽。西南少数民族水文化以其神圣性、规约性和强制力，将社会成员进一步社会化和文化化，使得社会公共利益得到最大化的扩展与巩固。民间水祭仪式，以极其繁复的神圣仪式仪轨，不断地强化着人们的集体意识和共有观念。民间水规、水法不仅使每一个社会成员遵规守纪，而且使其养成一种公平公正的集体用水习惯，对社会道德的重建和维护，也起着至关重要的作用。

　　"水往低处流"，水天然具有流动性。一定的泉源、河流、湖泊，

---

① 王清华：《梯田文化论——哈尼族生态农业》，昆明：云南人民出版社，2010：27。

使在其流域内生活的各民族都能共享，所以因水而发生着一定的族际牵连和社会交往。在那些严重缺乏水资源的地域，特定时期内群际甚至会因争水、抢水而发生械斗等水利纠纷，但越是水利纠纷闹得严重的地区，族际千百年来越会"因水而治"，通过共议制定和执行相关水规，构建相对稳定的社会秩序与和谐的社群关系。在那些水资源较为丰沛的地区，沿着共饮、共用的泉源、河流等水域的自然流向，流域内所有大小村寨、族群，虽然免不了有一些狭隘的利己观念与行为，但他们在更大的水生态共同体利益面前，自然地更有一种共享、共担的意识与责任，能够及时有效地组织族际各方力量兴修水利，共议制定并实施统一的水规、水法，以保障各方的水权与水利。事实上，那些共有、共享的河流就像一剂社会黏合液，不断地调和及处理着族际的公共水利，有效地构建和维护着流域内地域社会的稳定与和谐。

第三节　西南少数民族水文化的生态意义

一、水生态战略意义

西南地区自然环境复杂，地形地貌、河流水系、森林植被以及气候等也呈现垂直立体多元的特点。作为历史上的生态脆弱区、自然灾害频发区，西南地区频受干旱、地震、滑坡、泥石流、暴雨洪涝、水土流失、森林大火、冰雹大风、低温冷害等各种灾害。其中，"涉水"的干旱和暴雨洪涝均是西南地区最频繁、最具破坏力的自然灾害。泥石流和水土流失等也与水环境变迁及其恶化息息相关，有的山体滑坡、泥石流以及水土流失等直接是旱涝灾害的次生灾害，对西南各族人民的生命和财产安全造成"灾连灾"的双重危害。因此，保证西南地区良好的水环境和充足的水资源，才能对旱涝、泥石流等自然灾害做到防灾减灾，促进西南边疆民族地区社会经济的可持续发展，从而保证长江中下游地区社会经济的可持续发展。

西南作为长江中下游地区的绿色生态屏障，是中国重要的水源涵养地之一。西南水环境在整个长江流域的水生态格局中占有十分重要的地位，如果西南生态环境恶化，尤其是水生态保护一旦失守，对其辐射的地域乃至全国的生态保护将引发直接的连锁效应，使西南以及整个长江流域大范围遭受各类相关的自然灾害，给人民生命财产安全、国民经济和社会发展造成无法估量的损失。2010年西南遭遇世纪大旱，共有6420万各族人民受灾，农作物受灾面积达500多万公顷，颗粒无收的田地达110多万公顷，造成246亿元的直接经济损失。然而，这还只是直接经济损失，综合生态破坏祸及未来，其损失难以估量。

西南水环境对西南乃至全国的生态保护具有举足轻重的作用，西南少数民族水文化一直以来起着调节水环境、维护水生态系统平衡的作用。有林才有水，森林是水源的母亲。全国不足20%的森林覆盖率、不足2%的原始森林覆盖率是旱涝灾害的本源。千百年来，西南少数民族崇林、育林、护林、敬水、惜水、节水等一系列传统水观念及其生态实践，是他们为应对西南敏感而脆弱的自然环境而创制、传承起来的独特和生态观生活模式。在社会、经济超高速发展的今天，充分认识和传承极富生态价值的传统水文化，将其进行有效的价值重构与转换，使它们与现代水利等相关技术一道，为建设一个自然生态和谐的西南做出新的贡献，这对保持和维护西南边疆民族地区的水生态安全，具有重要的战略意义。

二、文化生态战略意义

文化不仅是各个民族长期以来不断适应、改造自然的结果，更是一个民族进行自我认同的根基性本质内涵。西南地区自然环境立体多元，是中华民族文化资源富集的宝库。西南地区是中国面向南亚、东南亚的国际大通道，地理位置极具战略意义。在西南少数民族当中，彝、哈尼、景颇、瑶、傣等民族还是跨国、跨境民族，因此，西南民族文化在中华民族文化系统中占有重要的地位。以全人类文化生态共同体视之，每一个民族的文化，都是人类文化基因总库中不可替代的独特基因，文化消失就意味着民族的消失，就意味着一枚独特文化基因的消失，人类文化生态系统也即随之失去平衡。西南少数民族水文化是西南民族文化系统中的重要内容，对维系西南地区民族文化生态和谐起着重要作用。

正如在自然界生态系统循环中水不能断流一样，文化生态系统中民族传统文化也不能断根。水文化不仅是民族文化的重要组成部分，也是民族文化系统中最富生态价值的内涵。作为传统文化中的一种源生文化，少数民族水文化是西南少数民族文化生态系统的核心，对西南少数民族文化生态的维护起着重要的作用。地方社会、经济的发展，并不一定非要以牺牲生态环境为代价，特别是牺牲水生态环境为代价。如果我们仔细观察，人口增长、商业开发所导致的自然生态失衡，随即也表现在民族文化生态的失衡上，因为人与水天然构成一个自然—社会生态共同体，二者同呼吸，共命运。民族文化的传承与发展关系着民族的未来，而水文化的保护与发展关系着民族文化的未来，它再也不能成为地方现代社会、经济发展的牺牲品。水及其文化不仅关乎水及自然界自身，它还关乎国计民生，更关乎各民族深层次的文化精神。在饱受长期工业化、城镇化等一系列现代性精神折磨的当下，西南少数民族水文化敬畏自然、亲近自然、回归自然的生态观及其实践模式，有利于修复人与自然的失和关系，给人们"精神还乡"提供了一个"后花园"。

西南地区各民族间经过历史上长时段的文化交融，形成一种隐性而柔和的边界，在认同实践中既有单一民族的文化认同，也有诸如藏羌彝走廊等共有文化空间的族际认同，形成"你中有我，我中有你"的族际和谐格局，这种族际和谐格局在民族关系史上堪称典范。西南这种和谐的民族关系为当前边疆民族关系与民族问题的思考与解决，提供了一种积极的启示与借鉴。其中，水资源在族际长期共有、共享与互助、互利的地域性水事活动中，传统水文化起到了恰当地协调、处理各种民族关系的重要作用。所以，从外在的表征看，西南地区少数民族水文化的地域性远超其民族性。西南少数民族水文化，不仅是西南各少数民族独自适应自然环境的物质的、精神的与社会的集合体，更是整个西南这块土壤滋养出来而共享的涉水文化。它不仅历史悠久、底蕴深厚，而且极具民族文化生态战略意义。

三、社会生态战略意义

人类自身生存社会经济发展都离不开水，水文化与人们的日常生产、生活相融。水文化不仅协调、处理人与自然的关系，而且协调、处理人与人、人与社会、社群与社群之间的关系。西南少数民族水文化，不是一种单一的精神或物质文化，它是一种集物质、精神与制度的生活化、全民性整体文化。水因具有恒定的流动性而富有旺盛的生命力，水文化的价值完全体现在人类应对水困境、解决水问题的一系列生态实践当中。在应对水困境的一系列生态实践中，人类通过集思广益、分工协作，才共同解决了各种水问题。也正是通过分工协作、互助互利，从而凝聚了社群的力量，整合了社群自身。传统水文化犹如黏合剂，通过沟通、协调各种社会关系，具有较强的社会生态价值。

西南境内大大小小的河流、湖泊、坝塘等构成的水系，至今滋养着西南各族人民。西南少数民族水文化在协调、处理各民族内部各种涉水社会关系的同时，也在协调、处理西南各少数民族间因水而起的各种民族关系。西南各族人民长期以来共有、共享、共治着境内的水，在共同治水的过程中养育了一种和谐、良善的西南族际关系。具体而言，西南少数民族村寨"因水而治"[①]，使相对松散的个体及族群凝结成高度一致的村寨、村落等更大的社群单位。如果我们跳出西南看西南，作为"中国的西南"，西南少数民族水文化的社会生态价值，不仅对西南地域社会的认同和整合有着重要的意义，而且对类似地区族际社会的整合有着重要的借鉴意义。可以说，西南少数民族水文化促进西南族际和谐社会构建的意义，早已超越了西南少数民族地域的限制。

---

① 黄龙光：《"因水而治"——西南少数民族传统管水制度》，何明主编：《西南边疆民族研究》（第15辑），昆明：云南大学出版社，2014。

小　结

生态和谐社会理念的提出，是对社会主义和谐社会概念的延伸和拓展，其着眼点在于对生态及其重要地位的强调，这主要是基于应对当代快速发展的工业化、商业化与城市化对生态环境的侵蚀和破坏而提出来的。生态和谐社会所指的生态概念，不单纯指自然生态，它还包括文化生态与社会生态，它们三位一体，共同构成了生态和谐内部结构的三层内涵。只有自然生态、文化生态与社会生态三态和谐，三态稳定，才能达到完整意义上的生态和谐社会。水渗透在边疆民族地区自然、文化与社会生活的方方面面，水生态基于人—水和谐关系准则，反映的是一种传统的环保意识，是整个自然生态的源头，更是整个生态系统的核心。只有水环境、水生态得到了全面修复和有效维护，只有将西南少数民族传统水文化与现代水文化互补合流而创造新型的现代水文化系统，才能重建人—水和谐关系，才能保证自然生态、文化生态、社会生态三态合一的整体生态和谐，才能真正实现边疆民族地区生态和谐社会构建的梦想。

第八章 西南少数民族水文化的社会功能

第一节 生态系统维护

自然生人，人化自然，人与自然围绕一系列的人地关系，形成一个自然生态共同体。"人与自然的不可分离性表明，人类不是自然共同体的中心，而是自然的一部分，是与大自然具有内在关联的存在。"[①] 人与自然的这种内在关联，不是一种非此即彼的对立关系，也不是一种一对一的平等关系，而是人类自古融于大自然，隶属于大自然。人与自然虽然构成一个生态共同体，但其实人首先作为"自然之子"而存在，自然是人类的衣食来源，是人类的血缘"父母"。遍布世界各地的所有创世神话都在讲述水生天地星辰、林木鸟兽、花草虫鱼等世界万物；而所有的人祖神话都在讲述土地和水是人祖血肉之躯的主要创生原料。因此，在人与自然的关系之中，自然可以离开人类而存在。数亿年来，自然一直在自我演化和发展，而人类却一刻也离不开自然而独立生活。启蒙以来，人类将自然作为一个客体进行认知和开发，不仅将自身凌驾于本应崇敬的自然，而且大规模地开发自然，使人类陷入了一种"人类中心主义"的泥淖。

[①] 符海平：《生态—社会共同体——人类在人与自然和谐中的科学定位》，《牡丹江大学学报》，2010（12）。

在自然生态系统中，水具有重要的地位。西南少数民族水文化，是西南少数民族千百年来与水互动形成的一套独特的认知理念及其实践机制，其生态系统维护的功能，主要体现在人—水和谐的生态观与人—水和谐的生态实践两个方面。

图 8-1　彝族山寨　　　　　　　　（黄龙光　摄）

作为一种本土生态知识的西南少数民族水文化，是西南少数民族长期适应西南独特的自然环境，并对水的自然属性及与人类的关系进行全面观察、思考并认知后形成的一套有关水生态的观念、知识和技能。这些涉水的生态观、生态知识与技能历经代代相传，不仅围绕一系列治水、用水等水事活动潺潺流淌在代际教习的口耳相传之中，同时被拥有文字能力的那些少数民族写入民族典籍，成为经典。这些经典与相关仪式相配合，反过来指导和规约着包括水神祭祀等在内的相关水事实践。傣族谚语说："大象跟着森林走，气候跟着竹子走，傣家人跟着流水走"，"森林是父亲，大地是母亲，动植物是伙伴、兄弟姐妹"。说明从事稻作生计的傣族与森林、竹子、流水之间生成一种亲密关系。傣族人充分认识到森林、竹子等森林植被对水资源的涵养作用，而水资源对从事水田稻作的傣族社会具有命脉的意义。因此，傣族形成了一系列具有护林、惜水的生态习俗和规制。

侗族古歌《起源歌》中唱道：

> 姜良姜妹，开亲成夫妻，生下盘古开天，生下马王开地；天上分四方，地下分八角；天上造明月，地下开江河；先造山林，再造人群；先造田地，再造男女……草木共山生，万物从地起。[①]

"草木共山生，万物从地起"，这是一种人与自然平等共生生态关系的朴素认知。黄冈侗族还有谚"无山就无树，无树就无水，无水不成田，无田不养人"，非常直观地说明了山—树—水—田—人的自然—社会生态逻辑关系，其源头——山林的重要性得到了充分体现。

纳西族东巴教认为，人与自然是"同父异母的兄弟"，这是人与自然生命同源的神圣宗教阐释。东巴经神话《署[②]的来历》讲述了人与署的故事，人类与署原是同父异母的兄弟，人掌管盘田耕种、牧养牲畜，而他的兄弟掌管山林河湖、花草虫鱼与所有野生动物，他们各司其职，和睦相处。后来人类逐渐贪婪起来，进山乱砍滥伐，

---

① 黔东南苗族侗族自治州文学艺术研究室：《民间文学资料集》（第一集）（内部资料），1981：36。
② 署，纳西族创造的代表自然界的超自然神灵，为东巴教中大自然之精灵，司掌着山林河湖与野生动物，配有相应的祭祀仪式。

滥捕鸟兽，污染水源等，结果人与自然两兄弟闹翻了，人类频频受灾，遭到大自然的报复。人类意识到自己冒犯了署这个兄弟，诚请东巴教祖师东巴世罗请大鹏神鸟前去调解，人与署这个大自然兄弟约法三章，人类必须适量获取自然资源，两兄弟重修旧好，从此睦邻相处。[①]彝族先民长期观察自然水的流动性和创生性，认识到水具有源源不断的化育力和生命力，将水认作创生万物的始祖，建构了彝族"缘水而生"的认知论体系，同时，以古老神圣的神话史诗叙事方式代代演述和传承其独特的水生思想。大、小凉山彝族史诗《勒俄特依》（《天地变化史》），叙述了天地万物的变化，不仅源于水，而且取决于水的流动和变化。[②]在滇南典籍《阿赫希尼摩》中，史诗详细叙述了创世始祖阿赫希尼摩喝下金海水，诞下天地日月、星云雷雨、闪电风雾、山川草木、禽兽稻麦，以及天王地母等各类神祇。人祖则来源于奢祖大海里各色鱼类，经过不断变化成的各色猿变而来。[③]流传于云南楚雄姚安、大姚、永仁、牟定等县彝族地区的史诗《梅葛》说："天上撒下三把雪，落地变成三代人。撒下第一把是第一代，撒下第二把是第二代，撒下第三把是第三代。"[④]彝族"缘水而生"的创世观及其叙事，认为水不仅是天地万物人祖神祇的原生物质，而且因水天然的流动性和化育力，孕育、诞构了天地人神的宇宙世

① 和士成释经：《纳西东巴古籍译注全集》（校对稿），李静生译，王世英校，东巴文化研究所编印。
② 王天玺、李国文：《先民的智慧——彝族古代哲学》，昆明：云南教育出版社，2000：92。
③ 罗希吾戈：《彝族创世史：阿赫希尼摩》，普学旺译注，昆明：云南民族出版社，1990。
④ 云南省民族民间文学楚雄调查队：《梅葛》，昆明：云南人民出版社，2009：20。

间结构。也正因为天地万物人类都是水这个共同的创世母亲亲生的，所以人与天地万物是天赋血亲的兄弟姐妹，人与自然之间应是一种平等共生的关系。因此，彝族人—水关系作为一种紧密的亲缘关系，人与水即可天然地避开互相伤害而至一种和谐共生的状态。①

图 8-2　彝族祭山神占卦　　　　　　（黄龙光　摄）

生态意识决定生态行为，生态观指导生态实践。西南少数民族水文化生态系统维护的功能，除了通过口头和书面的方式将其蕴含的生态意识、思想观念与生态知识代际言传外，还有就是通过一系列人—水和谐生态实践的形式，实现代际身教。林木植被等天生具有涵养水分的功能，西南少数民族崇拜林木、护林育林的行为比较普遍。傣族全民崇信小乘佛教，笃行"众生平等"的宗教观念。在

———————
① 黄龙光：《试论彝族水文化及其内涵》，《贵州工程应用技术学院学报》，2016（4）。

日常生产生活中，傣族为了解决炊爨用柴之需，往往在房前屋后种植薪柴林，在采集野生植物食用或药用时，一般只采所需花、叶等，不允许整株拔除，这样就能保证其再生能力。傣族村寨和缅寺的庭院中常种"五树六花"，"五树"指菩提树、大青树、贝叶棕、铁刀木、槟榔或椰子，"六花"指荷花或睡莲、文殊兰或黄姜花、缅桂、鸡蛋花、金凤花或凤凰木、地涌金莲。这些植物不仅是作为宗教仪式的植物，也是村寨、寺庙庭院的景观植物。在傣历新年泼水节第二天，傣族举行放生仪式。开光仪式后，傣族群众将各自备好的鱼类放入水中，然后必须参加植树活动，意为让树苗和放生的动物一起成长，给那些被放生的动物后代筑巢栖息。① 黄冈侗族有谚"老树护寨，老人管寨"，这种以老树为防护、老人为权威的传统村寨治理观念及其实践，维护着森林生态系统，也协调着人—林（自然）和谐关系。侗族对自然怀有崇敬之心，捕鱼时遵行可持续的原则，织就的渔网有尺寸规约，他们往往"择而捕之，适可而捕"，"抓大放小"。②

据长期的生活经验，彝族一旦在山箐和密林深处发现有泉源就将其养护起来，周围林木即被认定为水源林而受到保护。因为他们认为，没有树木就没有水，水必须由树木来涵养。彝族史诗《梅葛》记载，洪水过后柳树因助天神找到人种（葫芦），"天神好喜欢，封赠小柳树，'小柳树是好树，等到人种找到了，人烟旺起来，倒栽你栽活，顺栽你栽活'"③。所以，富有经验的人行走彝区，只要

① 刘垚：《傣族的生态环境思想研究》，云南师范大学硕士学位论文，2006。
② 潘永荣：《浅谈侗族传统生态观和生态建设》，《贵州民族学院学报》，2004（5）。
③ 云南省民族民间文学楚雄调查队整理：《梅葛》，昆明：云南人民出版社，2009：41。

远远看见路边有密集的柳树、柏树等围拢，就知道那儿肯定就有山间甘甜的泉水。路人可一边在树底下歇息乘凉，一边用旁边备好的竹筒舀清凉甘甜的泉水解渴。森林是哈尼族梯田水生态系统的源头，一是涵养水源，一是以林木植被防止梯田被暴雨冲毁。哈尼族人认为"树是水的命根，水是梯田的命根，梯田是人的命根"。因此，哈尼人往往将高山森林划为水源林加以保护，把村寨后森林划为寨神林，平日严禁牲畜进入，严禁砍伐林木，同时派专门的护林人监督、管护。哈尼孩子一出世，父母就会在寨脚森林里栽下三棵树，将婴儿胎盘埋在树下，用洗婴儿的水浇灌树根，孩子和树一起长大，使孩子从小形成爱林护林的意识。①西南少数民族与水（自然）展开一系列生产、生活实践，将他们在与水的长期互动过程中经过观察和总结的知识和经验进行自觉归纳与总结，形成了西南少数民族独具特色的水生态观和生态知识。千百年来，这些生态观和知识经过家庭和社会教育传承，一直发挥着维护生态系统的功能。

第二节 物质生产促进

水具有天然的流动性，水的天然流动性携带着巨大的惯性力，这种流动性和惯性力一旦在瞬间爆发，引发的洪涝、山体滑坡等灾害具有巨大的破坏性。同时，水的流动因自然、气候等原因，也会因水分蒸发而致旱灾，长期的生产、生活用水缺乏对人类社会具有

---

① 白葆莉、冯昆思：《哈尼族生态伦理思想及其现代价值》，《红河学院学报》，2007（1）。

致命性的破坏。因此，对于人而言，水具有一种不易操控性。西南少数民族水文化是一种本土生态知识体系，它包括意识、理念与信仰，包括技术、技能与经验，也包括习俗、制度与律法，它不仅能抚慰旱涝等水灾害给人带来的巨大的身心伤害，对带有巨大破坏性的灾害行为本身也能进行一系列防灾减灾的应对。同时，世间万物的生长、存活都离不开水的浇灌，西南少数民族水文化因其适应自然、因地制宜地蓄水、育水与用水，能够直接促进物质生产。因此，从某种意义上说，西南少数民族水文化最直接、最务实的功能，就是通过确保水能促进物质生产，来保证西南少数民种族的繁衍和社会的发展。

图8-3　贵州黔东南苗寨　　　　　　（黄龙光　摄）

　　西南少数民族水文化促进物质生产，首先体现在对各种水灾害的防灾、减灾的意识、技术与制度上。世居山林的云南新平水塘波村彝族腊鲁人，有着一套森林分类蓄养的观念和行为模式，不仅是其"靠山吃山"的生态适应习惯，而且对其作为山地族群的日常防灾、减灾起着生态维护的重要作用。村寨背后和沟渠两旁的森林有防风固沙的作用，被划为"防护林"而严禁砍伐。水源地森林有涵养水源、防止水土流失的作用，被划为"水源林"而严禁砍伐。离村寨、田地较远的沙石林地被划为"薪柴林"，要求"砍大不砍小""留直不留弯""留壮不留朽"等。还有"用材林"，须经批准才能定量砍伐，作为生产、建房等用材用料。① 如此与自然巧妙融合的森林养护制度，是一种出于理性的制度化创制及其遵行。黔东南苗族谚语说："山上多栽树，等于修水库，雨多它能吞，雨少它能吐。"② 苗族因此因地制宜，为了稳固山体，防止水土流失，减少山体滑坡的危险，在山顶广植林木，也涵养了水源。西南少数民族对水灾害的历史记忆与防灾叙事的最大集成，当属西南少数民族洪水神话中滔天洪水对人类的灭绝性场景的叙述及其记忆。西南少数民族地区是活形态神话的王国，彝、白、哈尼、纳西、傈僳、景颇、土家、羌族、怒、独龙、基诺、拉祜族（苦聪）、苗、瑶、壮、侗、傣、布依、水、畲、佤、布朗、阿昌等23个民族均有古老的洪水神话流传，其分布之广在其他区域实属罕见。"各族洪水神话中人与神的争执，实际上反映了人类征服自然力的愿望及斗争。从这些洪水神话的内容来看，都不同程度地反映了各族原始初民期待解决威胁自己生存和发展的中心问题——战胜水患灾害。"③ 西南少数民族洪水神话有洪水起源、

---

① 王倩:《波村腊鲁彝族森林观的生态人类学解读》,《文山学院学报》, 2011(2)。
② 游先启:《黔东南苗族水文化研究》,《华北水利水电大学学报》（社会科学版）, 2015（4）。
③ 李子贤:《试论云南少数民族的洪水神话》,《思想战线》, 1980（1）。

洪水灭世、人祖再生三个母题叙事，但其中包含了人类为了自身发展越界开发山地、滥捕动物、破坏生态平衡等生态批评思想。因此，神话叙事中为了重修人神关系，将洪水起源往人类身上揽，进而以天神的名义进行自我社会道德训诫及其重建，这才是西南少数民族洪水神话的深层生态意蕴所在。

西南少数民族水文化促进物质生产的另一体现是灌溉耕作为核心的用水理念及其实践。云南最早的农业灌溉可以追溯到新石器时代。据考古发掘，在大理苍山之麓发现了陂池遗址。陂池遗址在山麓缓坡，筑有堤坝，可截留雨水和自高山流下的雪水，以浇灌田园。[①]滇池东岸呈贡县小松山东汉早期墓出土的陶质水田模型，呈长方形，长 320 毫米，宽 200 毫米。一端是大方格，表示蓄水池，另一端为大小不等的 12 个小方格，代表水田。池田之间有沟渠相连。[②]大理祥云、弥勒县等地区，有几条明代修筑的"地龙"仍然在使用。"地龙"又叫"闷沟、龙沟"，即埋于地下的暗渠。"地龙"或为石砌水道，或为无数相连的陶管。短者数百米，长者十余公里。水道的高端（"龙头"）需选择在高地水源丰沛之地，依靠高水位势能，使水流向灌区。[③]地龙深埋于地下，不易遭破坏，经久耐用，偶有泥沙沉积，可放大水冲畅。弥渡农民为此还发明了一种特殊的方法，把鳝鱼放入地龙之中，靠其爬行蠕动疏浚泥沙。[④]从事稻作的傣族，早在 15 世

---

① 吴金鼎、曾昭燏、王介忱：《云南苍洱境考古报告》（甲编），重庆李庄，1942。
② 呈文：《东汉水田模型》，《云南文物》，1977（7）。
③ 何超群：《祥云明代的水利工程——地龙》，《云南文物》，1983（12）。
④ 尹绍亭：《云南的水和农业灌溉》，熊晶、郑晓云：《水文化与水环境保护研究文集》，北京：中国书籍出版社，2008：47。

纪编纂的《景洪的水利灌溉》一书中，就描述了西双版纳景洪地区的沟渠管理、灌溉技术等水利实务，是傣族人民长期以来水田稻作水利灌溉实践经验的书面总结。羌族为了灌溉依山就势开掘的高山梯田，往往依村寨左右两旁两股泉水的流向修建水沟，其落差较大，如遇高山峡箐不能开沟的地方，则用凿空的横木渡水。这种地势高差明显的水沟灌溉系统简单实用，在条件十分恶劣的羌族山区有力地支持了梯田灌溉。为了充分利用水资源，贵州羌族民众在冬季时就引水入田，水经过长久浸泡、储存起来，田里的泥土便被软化，来年开春时便易于耕作。类似"泡冬田"的耕作方法，在侗族地区也同样普遍存在。"泡冬田"持续10~12年才"炕冬"一次。"炕冬"就是把田里的水一次性彻底排干，改种旱地作物。[1] 彝文古籍《尼苏夺节·开天辟地》里，记述了远古彝族祖先垒堤辟田、开沟排水的情况：

> 生冲大海里，俄谷老龙爷，九千九双手，捡捞海底石，夜间捡石头，白天垒石头。石头垒成堆，垒出大海面。又用海底泥，造化成大地。俄谷老龙爷，八万八只脚，夜里忙踩泥。九千九双手，白天勤抿泥，日夜不停歇。四千年开天，三千年辟地……天与地之间，有四个水口：两个进水口，两个出水口……诺谷小龙儿，金棍抖三抖，凿出了溪沟，围成了湖泊，造好江海，开出了河流。再用棍金棒，撬开出水口，海水哗哗流，平坝绿油油。[2]

在创世史诗带有神话色彩的唱诵里，"八万八只脚""九千九双

---

① 罗康隆、杨曾辉：《生计资源配置与生态环境保护——以贵州黎平黄岗侗族社区为例》，《民族研究》，2011（5）。

② 李八一昆、白祖文等：《尼苏夺节》，昆明：云南民族出版社，1985：1~3。

手""四千年开天""三千年辟地"的数量表述表面上是一种夸张的修辞，实际是众人集体协作的力量象征。哈尼族梯田农耕灌溉依靠大大小小、密如蛛网的沟渠。哈尼族不仅创制了在山区开沟挖渠的巧夺天工的技术，也采用了刻木分水的公平用水的制度，独创了有效管理纵横交错灌溉沟渠的沟长制度。总之，正是极富生态价值的西南少数民族水文化，促进了物质生产，保证了西南少数民族社会的持续发展。

图8-4　哈尼族祭水井疏通渡渠　　　　（黄龙光　摄）

第三节　宗教精神寄托

"人类学家认为宗教具有除心理功能、社会功能以外的第三种功能：生态功能。"①西南少数民族以水信仰为核心的一系列水崇拜、

---

① 廖国强：《中国少数民族生态观对可持续发展的借鉴和启示》，《云南民族学院学报》（哲学社会科学版），2001（9）。

水祭祀、水禁忌等文化表征，不仅是其水文化独特存在、运行的特征之一，也是其（原始）宗教性最突出的地方。从某种角度说，宗教生态学的视角成为宗教学与生态学交叉最具学术价值的一个研究领域，而西南少数民族水文化正是这样一个生态学与宗教学相交叉的研究领域。在一定的跨文化比较范围内，我们发现没有哪一个自然物能像水一样被人类赋予如此多的神灵，也没有哪一个宗教拥有如水一般丰富复杂的祭祀仪式实践。水的创世情结、创生属性与自然流动性，对于人类社会的至关重要性自蒙昧时期即被植入人类的历史记忆之中。同时，人类历史上遭遇的极旱、大洪水叙事数千年来随着洪水神话、古歌不断地被演述，特大灾害的灭世记忆也总不断地在人类心理反复被激活和重植。水可为利，亦可为害。水给人类带来的福泽与祸害同时存在，一方面，直至今天，人类为了维系人—水和谐的关系，一直在不断地探索操控流水与合理用水的理念、技术与方法。另一方面，为了获得水带来的更多润泽和福祉，同时为了战胜旱涝、山体滑坡、泥石流等涉水灾害带来的心理恐惧，西南少数民族最后将水神化进而对其顶礼膜拜。水神祭祀、祈雨仪式以及各种水禁忌，都以神圣性宗教进行祈愿、祈福与禳解，表面上对涉水神祇表达崇敬和祭拜，深层次的功能却直指人内心深处的精神寄托，即祈愿雨水丰沛与安抚水害恐慌的功能。

西南少数民族水文化的宗教精神寄托功能，出于少数民族对天然流动而不可控的水进行控制的心理需求。面对自己难以掌控、可能带来旱涝等灾害的自然水，人们将它进行神化处理笃行自然崇拜，虔诚崇拜起附于其上各种各样的涉水神祇，认为以此与自然水（神）进行一种神圣的交流，换回其与人的一种合作与友善的融洽关系。

基诺族世居山林，不仅有严格的山林管护制度，更有严厉的神林禁忌。任何人擅自进入砍伐神林，将遭遇不幸。因此，基诺族社会无人不对神林心怀敬畏，人们不敢冒险入林，更不敢妄动其一草一木。神林至今保持着原始风貌，其生态保护的效果十分明显。拉祜族盛行自然崇拜，几乎每一个拉祜族村寨都有基于山林的山神崇拜。如遇天旱或雨水成灾时，他们会自发前往山神庙烧香点蜡祈祷，据说祈祷后很灵验。山神庙所在山林严禁砍伐，否则将遭灾。在拉祜族的原始宗教观念中，神山、神树均位于水源上方，没有树就没有水，这些空间均严禁开荒、砍伐，客观上起到了防止水土流失、保护生态环境的作用。①绿春县坪河乡车里村一带自称"格角搓"的哈尼族，献祭河水神时，以一头黄牛、一只公鸡和少量的姜、盐、茶为祭品，由摩匹祭司各取一点倒入河水中，并念诵道："龙神，我们用牛牲、鸡牲奉献你，求你不要发洪水做泛滥，毁坏五谷庄稼，冲走六畜牲口。"②侗族以水稻耕作为主，自然崇敬水神，"他们对水有一种特殊的感情，岁首都要敬祭水神，在这一天，妇女到水井或河里打水，必须先到井旁或河边点香烧纸，然后才能取水回家"③。西南少数民族认为山神、林神、树神、水神、龙神等一系列涉水神祇，均为附在水这个不易控制的自然物上的超自然力量的幻化形象。不能心怀敬畏地对它们进行虔诚的崇拜和祭祀，不仅达不到掌控水的目的，还会带来旱涝以及山体滑坡、水土流失等一系列次生灾害，而且还会带来村寨不顺、瘟疫流行等相关劫难。因此，这种集体祭祀事关

---

① 姜颖：《试析拉祜族原始宗教与伦理道德的关系》，《思想战线》，2001（5）。
② 曹贵雄、龙倮贵：《哈尼族传统宗教文化研究》，北京：民族出版社，2014：19。
③ 魏建中、姜又春：《侗族民间信仰的生态伦理学解读》，《民族论坛》，2014（1）。

村寨、族群整体的物质和精神利益，更是建构个人对水害、水患以及相关灾祸的一套精神防卫术。

西南少数民族水文化的宗教精神寄托，也出于人们趋吉祈福的用水需求。拉祜族在每年冬月十五均要举行祭水神活动。届时全村凑钱买猪献祭水神，祭祀辞为："水是养育全寨人的奶汁，我们不忘水神的恩德才买猪献祭，祈水神保佑全寨子子孙孙有水吃。"完毕后猪肉由全寨人共同分享。[①] 这完全是对水的实际需求上升为一种心理投射，犹如奶水的水是全寨人的命根，祭祀水神就是为了保证有水。滇南彝族尼苏民间咪嘎哈祭祀当天早晨，先要祭祀"依堵塞"水井神。村寨祭祀由毕摩主持，在水井边献上公鸡、母鸡、酒饭茶等祭品后，要念诵《祭水井神经》：

> 我们全村人，来到高山顶，砍来松树枝，采下松毛来，松毛来洗井。砍来林中竹，竹叶来扫井。清洁的净水，有翻水螃蟹[②]，翻水螃蟹，犹如俏姑娘，一天翻九次，一天翻九回。清澈的泉里，有管水的田鸡，恰如俊伙子，一天放九次，一天放九回。清秀的井中，井中有花鱼，就像勤劳儿，一天扫九次，一天扫九回。石缝塘出水，清洁又甘甜；石笋流出水，清秀又甘美……来把井神祭。寨头清洁泉，村头清澈井……清泉的泉水，清澈的井水，时时淌净水，天天涌甜水。[③]

---

① 杨洪、周善菊：《浅论拉祜族的传统信仰》，《思茅师范高等专科学校学报》，2005（1）。

② 螃蟹、田鸡、鱼，红河、元阳、绿春等地彝族认为是水井里的吉祥水族，象征净水清洁吉祥。

③ 龙倮贵：《红河彝族传统节日文化研究》，北京：中国社会科学出版社，2016：170~171。

　　这里，彝族尼苏人祭祀水井神首先要清扫、清洁水井，这对应着水井常年流淌泉水的清洁与甘甜，同时整个祭祀的物质功利目的则在于保证永源不断，提供村寨生活用水。但是，这个深层的物质功利被披上一层原始宗教的外衣后，才能首先从人们的心理上对物质功利的诉求得到满足和保障。

　　哈尼族的"夏赫候"，意为祭田水口。每年农历四月田里秧苗发蓬时，各家择日，用两只蛋（鸡鸭蛋各一）和糯米饭等物品祭献自家稻田水口，其目的是希望田里的秧苗无灾无难，快快成长起来，金黄色的谷子像沙石一样饱满。[①]这是从水延伸到了水作—稻谷的长势，后者的生长和丰产依靠前者的灌溉，有了水的滋润和浇灌，希望无灾无难顺利成长、丰收。贵州惠水县摆金镇冗章村有一口古井名"马鞍井"，当地苗族将其视为"神井"。每年均以鸡、刀头肉给神井祭祀。若遇天旱，全寨苗民就去井边祭供求雨。[②]在台江县交下苗族村寨，春季属龙的孩子必须拜祭水井。当地人认为春季是雨水季节，带孩子祭拜水井，可使属龙的孩子心性稳定，以水井作为稳住孩子的栖息之所，愿他们身心健康。偶里苗寨风俗中，新年初一凌晨家家户户要带上香火、供品到水井祭祀，然后取水回家，煮开泡茶敬神，以祈求新年平安顺利。[③]西南少数民族将旨在用水的水神祭祀推广开来，在求雨、保水源的主要目的的基础上，由水的关涉性增加了祈丰、祈福、长寿等相关祈愿，这是对水创生属性的一种神化

① 马岑晔、杨六金：《红河哈尼族宗教祭祀调查与研究》，《红河学院学报》，2007（3）。

② 周永健：《苗族农业信仰民俗神灵体系考》，《求索》，2013（2）。

③ 龙正荣：《黔东南苗族宗教生态伦理及其现实意义》，《贵州民族大学学报》，2013（2）。

及其泛化，充分寄托了人们对水的一种普遍的宗教精神依赖。因此，在西南少数民族所有涉水的祭祀仪式中，任何一个环节都是至关重要的，参与其中的任何一个人都丝毫不能马虎，在宗教实践中"心诚则灵"是一条通行的原则，所有的严谨和严肃都是为了确保仪式最终的灵验，而这个灵验结果的指向是人们的内心深处。

图8-5　壮族婴孩出生植树祈福（黄龙光 摄）

第四节　民族文化传承

水自古对人类社会具有重要的不可或缺性，西南少数民族社会生产、生活的方方面面都离不开水，因此，作为他们长期以来适应自然、应对水而创制、传承的一套理念、技术与方法的水文化，自然融入其民族文化及其实践的方方面面。西南少数民族水文化不是一个书面化的系统知识，它一直以一种活形态的方式与自然（水）相融，形成自己独特的运行体系，渗透在西南少数民族日常生产、生活的每一个角落，随着他们围绕一系列的水事活动而展开的身体实践发挥效能。这样看来，西南少数民族水文化的传承，完全是他们生活中一种自然而然的传承，这种独特的生活化体性传承从心理开始，口传心授，在生活现场完成代际的顺势传递。西南少数民族水事活动涉及所有族群成员，水文化融入民族文化的体系之中，所以，水文化的传承自然也实现了民族文化的整体传承。

西南少数民族水文化是西南少数民族文化的根性文化，水文化的创制与传承保证了西南少数民族社会的可持续发展。作为一种根性文化，西南少数民族首先在思想认识上对水文化异常重视，这种认识一经达到一种神圣的宗教观念后，常常被置于一个至高的地位。在普米族的宗教生活中，韩规教、藏传佛教、释毕教三大宗教并存，其中韩规教影响最大。普米族韩规经《查子恰打》记载：

> 出行不要惊动山神、水神。过往森林间，不轻易用砍刀折断树枝；见到小鸟不去捉，要想到蚂蚁、蝴蝶都是有生命的，是可怜之物，不随意去伤害它们；从水源上跨过，亦要想到别人还要喝干净的水。[1]

山水林木、鸟蚁蝴蝶都是自然界的重要组成部分，它们拥有平等的生命权，惊动、伤害它们，就破坏了人与自然的和谐相处。禁跨水源的禁忌，则出于协调社会组织中人与人之间的和谐关系，以整合一种基于社会道德的超个体的公共利益。可见，西南少数民族文化随着自然生态，以其宗教戒律的形式得以"神管"，同时，西南少数民族文化往往还以族群集体共商议定的民间规约的方式实施"人管"。在这一方面，西南各个少数民族几乎均有自己的民间规

---

① 熊永翔、李鹏辉：《普米族韩规教"人地和谐"的自然观》，《中国少数民族哲学及社会思想史学会会议论文集》，2011：256~270。

约与习惯法。侗族地名多以"洞"（"峒"）、"坪""溪"命名，侗语"洞"，指同一水源的小灌溉区，而分享同一水源耕作稻田的大都是同一家族的成员，这种以共享同一水源组建而成的村寨聚落往往构成一个"洞"。侗族"款词"说："讲到田塘用水，也要合情合理，共源的水，同路的水，公有公用，田塘有利，大丘不许少分，小丘不许多给。"① 相似地，始于明朝的瑶族石牌律则以书面成文法的形式予以正面规约。如《三十六瑶石牌律》指出：

> 我们二十四花山，我们三十六瑶村，三家为一村，五家为一寨，小村靠大村，大村靠石牌。天下有百种粮，世上有百样人……人心隔肚皮，防范不可忘。这样，才砍树置牌；这样，才杀牛立牌，才制十二条"三多"②，才定十三条"俄料"③。有了石牌话，瑶山固如铁。石牌大过天，对天也不容。哪个敢作恶，哪个敢捣乱，即使它是铜，也把它熔了；即使它是锡，也把它化掉。④

砍树置牌的瑶族石牌律中有很多诸如育林、护林与保水、护水等有关自然生态保护方面的内容，"石牌大过天"，在石牌律面前人人平等。因此，西南少数民族水文化与民族文化相互融合，在民间宗教与律法、神圣与世俗两方面得到很好的传承与保护。

---

① 徐晓光：《黔东南苗族侗族水资源利用的习惯法规则研究》，《政法论丛》，2015（1）。
② 三多，瑶语，意为法律。
③ 俄料，瑶语，意为法规。
④ 韦玖灵：《从石牌话看瑶族的原始法律意识》，《广西大学学报》（哲学社会科学版），1994（5）。

图 8-6　西双版纳傣族佛寺教育　　　　　　　　（黄龙光 摄）

西南少数民族水文化是西南少数民族的源生文化，民族文化体系任何一个方面的运行几乎都少不了水文化的参与，故西南少数民族文化可以通过一系列的水事活动而得到传承。西南少数民族水文化渗透到西南少数民族哲学、宗教、语言、文艺、技术、规约、工艺、游艺、饮食与服饰等民俗表征，水文化犹如一条主线穿起了这些民俗文化的散珠，而穿起散珠靠的是作为实践行为的一系列水事活动，不论是神圣的祭祀还是务实的治、用水与管水。云南红河县车古村和绿春县牛孔四大寨彝族尼苏人，在二月咪嘎哈祭祀当天晚上，女子要跳"栽秧鼓舞"（亦称"丰收鼓舞"），男子则在旁边围观。该鼓舞源自彝族洪水人祖再生图腾崇拜，是对彝族远古祖先历史记忆的一种艺术化蹈舞。其来源传说讲述：

很久以前，第一次洪水泛滥时，人类祖妣俄玛和俄俫姐弟俩，按天神策格兹旨意，上山伐红椿木，挖空树心，做成树桶，然后用椿板把树桶口蒙上，并用蜂蜡封死缝隙。俄玛和俄俣姐弟俩躲进树桶里避洪灾。洪水逐渐退潮干涸，树桶随洪水退潮逐渐下降。树桶落地，姐弟俩钻出树桶，但世间万事万物都被洪水灭绝，千山鸟飞绝，万里无人烟，后又遵天神策格兹旨意，姐弟俩结为夫妻。从此他俩男耕女织，夫唱妇随，繁衍子孙后代。后来人们为了纪念拯救过祖妣的俄玛俄俣姐弟俩的椿树桶，杀黄牛献祭，并将树桶的两端口，蒙上牛皮，做成牛皮鼓，人们围着牛皮鼓边击鼓边手舞足蹈地欢庆娱乐，娱祖娱人。祭鼓庆鼓跳鼓舞即栽秧鼓舞就流传了下来，并慢慢形成了至今规范而婀娜多姿、欢快热烈的栽秧鼓舞。[①]

跳鼓前，毕摩取清酒祭献牛皮鼓，神情庄重地念诵祭祀辞："祖宗定规矩，我们要履行，鼓不是我敲，是阿龙[②]先祖来敲。先祖阿龙神，保佑五谷粮，保佑人畜禽。"祭毕，将酒倒在鼓身上，以示让先祖阿龙神喝饱酒，毕摩悄然离去。随后，女子们女扮男装，或披蓑衣，或着新装，或戴面具，或披花毡，或佩戴象征男子生殖器的葫芦……或两人同舞，或多人同舞。鼓舞套路繁多，鼓点固定，以形象的动作表现出从犁田、耙田、撒秧、拔秧、插秧、薅草，到割谷、掼谷、背谷归仓等一整套稻作生产的过程。[③]鼓舞本为纪念祖先再生

---

① 龙倮贵：《红河彝族传统节日文化研究》，北京：中国社会科学出版社，2016：178。

② 这里的阿龙，应该是神话中的俄俣男祖，疑为翻译时不同选字所致。

③ 龙倮贵：《红河彝族传统节日文化研究》，北京：中国社会科学出版社，2016：180。

的历史，后来人们将其附载了稻作生产过程的身体展演，是一种以巫术互渗律原则从人类自身的生殖求子到稻作生产、丰产的过渡。滇南彝族咪嘎哈是一个典型的忆祖涉水祭祀，它从洪水人祖神话叙唱、宗教祭祀，到艺术化鼓舞展演，以及包含了彝族服饰、饮食、游艺与（禁忌）规约等相关民族文化要素，以一种文化集成的模式集中共时地实现了民族文化的整体传承。

图 8-7　西双版纳傣族井规讲解　　　　（黄龙光 摄）

第五节　地域社会整合

由于祖祖辈辈共享相同的水域和流域，以这些水域、流域、水体为中心，在西南自然地域空间历史地形成了诸如金沙江、古蜀平原、

澜沧江、滇池、红河、珠江、长江上游等流域民族文化丛。从这个
意义来说，西南少数民族水文化具有一种更大范围内的整合功能，
包含族群整合与地域整合。在现实而具体的生活语境下，西南少数
民族水文化的族群整合与地域整合，不是截然两分的，它们之间既
相对独立，又时有交集。

西南少数民族水文化族群整合功能的发挥，基于水文化所隶属
的具体的相对地域范围，以及各个少数民族独特的历史境遇和心性
特征，后者似乎具有更大的影响力。《蛮书·云南管内物产》特别指
出："蛮治山田，殊为精好。"哈尼族开垦山地梯田进行稻作，在唐
代就已经达到了一个较高的水平。清嘉庆《临安府志·土司志》描绘
了哈尼族梯田农耕的景象："依山麓平旷处，开凿田园，层层相间，
远望如画。至山势峻极，蹑坎而蹬，有石梯蹬，名曰梯田。水源高者，
通以略彴（卷槽），数里不绝。"很难想象，层层万仞梯田，数十
里的渡渠，纵横交错密如蛛网的灌溉沟渠，如果不依靠集体的力量
共同协作，如何实现开垦与耕作。哈尼古歌《开田种谷》篇唱道：

> 一个人力气再大，也开不出一架山，十个人力气再小，也
> 开得出一道岭，开荒山的人，要像鱼抢水一样挤，埋草籽的人，
> 要像蚂蚁抬食一样齐心。睡在十棵树上的兄弟叫拢了，缩在十
> 个草窝的姐妹叫齐了，大家伙合一处，来做开山的事情……十
> 个合声的汉子说话，十张嘴说出一样话，十个合意的女人做事，
> 十颗心想成一颗心。[1]

---

[1] 西双版纳傣族自治州民族事务委员会：《哈尼族古歌》，昆明：云南民族
出版社，1992：99。

　　这是梯田起源古歌中对远古哈尼族先民集体开山造田历史的叙唱。古歌中说哈尼族开凿梯田是受到牛和猪饮水、打滚儿的仿生启发，但是其中强调得最多的是族群集体团结、协作的力量。正是通过开山造田、开沟挖渠、刻木分水、逐田灌溉以及护林育水等一系列水事活动，哈尼族作为一个古老的迁徙民族，将平坝稻田耕作技术创造性移植到山区，成为山地梯田稻作的杰出代表。也正是在这个过程中，每一个哈尼族成员都被自然地吸附、凝聚和团结起来，整合成为一个民族群体。如今，哈尼梯田以其古老的人类生态智慧荣膺"世界文化遗产"景观，这又反过来振奋了哈尼族人的自豪感和自信心，也使其在民族文化上比以往更加凝聚。"对民俗的传承与享用，以一种潜移默化的生活方式进行，族群成员甚至都没有感觉到，就在自然而然的参与中实现了。同时，民俗也悄然地将一个个成员吸附、凝聚、团结在一起，整合成一个稳固的文化—社会共同体。"① 正是哈尼族围绕梯田耕作的水文化这个民俗传统，使哈尼族整合成一个稳固的文化—社会共同体。

　　西南少数民族水文化作为扎根于西南独特自然地理空间的一种具有普遍生态价值的地方性集体智慧结晶，在西南少数民族水生态共同体视域内的水文化具有整合地域社会的功能。"一条河流，一条水渠，不可能只流动于一个村庄内部。它所流过之地，人们形成群体保护自己的利益，到为了共享资源和协作，有不同利益的不同群体又需要结合成为一个超过村落范围的合作圈子。"② 水资源共享与水事活动协作，使西南少数民族水文化超越其族群性而上升到一

① 黄龙光：《民俗学引论》，昆明：云南人民出版社，2015：27。
② 王铭铭：《"水利社会"的类型》，《读书》，2004（11）。

种族际互动的地域性，这是水的自然流动性所带来的公共性和共享性的集中呈现。虽然有时为了争夺水资源，村寨与村寨之间、族群与族群之间会有纠纷与冲突，但从长时段的历史来看，西南少数民族分享一个相同的水生态共同体，族群关系基本上处于一个动态平衡的状态，由此，西南少数民族社会"因水而合"获得一种地域整合。因面对相同的自然水环境，作为一个整体的地域社会的西南少数民族，同时分享着一些相同的水文化。无论世居坝区的壮、侗、傣族，还是迁徙山区的苗、瑶、哈尼、彝、拉祜族等，都从事稻作生计、开沟挖渠、渡槽输水、车水移水，以及刻木（石）分水等用水规矩基本上都比较普遍。尤其是刻木分水的制度（也称为"水平""水秤"），有效地减少和平息了地域社会内部因水资源分配问题而可能产生的纠纷和争斗。西南少数民族认识到山林在涵养水源中的重要作用，因此，也普遍笃行以神林祭祀为核心的水崇拜。傣族的竜林，佤族、拉祜族的神林，彝族的咪嘎哈林、密枝林，哈尼族的寨神林，苗、侗、瑶、怒族的神树等，通过集体祭祀，以神灵的名义得到了严格的生态保护。将水的创生属性进行一种认知论的系统总结，西南少数民族普遍存在水生型创世神话。"千百年来，时代屡经更迭、风尚不断变迁，水生型创世神话所包含的生殖力、生命力信仰却始终存活于南方民族多种民俗之中，延绵不绝。"[1]西南少数民族水文化地域社会整合的功能，是一种水生态共同体内协调族际、村际的社会功能，对于建构一个当代族际共享的和谐地域社会具有重要的社会生态价值。

---

[1]　向柏松：《南方民族水生型创世神话与民俗文化》，《民族文学研究》，2003（4）。

小　结

　　西南少数民族水文化的生态维系、物质生产促进、宗教精神寄托、民族文化传承与地域社会整合等多重功能，是我们基于功能主义论的一种学术归纳和解析，在西南少数民族现实的水事生活中，上述多重价值处于同时发生并一起发挥生态效能的联动态势，它们作为一个结构性整体功能存在并真实产生相应的动态社会影响。在所有这些功能中，自然生态维系是根本，它是西南少数民族通过创制和传承独特的水文化来适应水环境、协调并建构一种和谐人—水关系的终极追求。物质生产促进是基础，因为人类社会的发展必须依靠物质生产来保证人类自身的生产，这也是西南少数民族水文化最务实、最世俗的功能。因此，不论物质的、精神的与制度的水文化，首先都是为了满足人类物质生产对水诸如饮用、灌溉、防灾与净化等一系列物质生活的需求。西南少数民族水文化的民族文化传承功能，在于水文化在民族文化体系中源生根文化的首要地位，通过相关水事活动"因水而传"民族文化也就再自然不过了。宗教精神寄托功能，是西南少数民族对水的一个有关心理安抚的较高级需求的满足。西南少数民族水文化宗教仪式的源头，应该是其对物质生产的一种深层心理诉求，在对涉水神祇的集体性祭祀仪式中，作为一种现场心理震撼和精神振奋同时出现，能够很好地实现其精神寄托的目的。但同时，正如埃文斯－普理查德所说："并不是仪式的被规定的目的向我们透露了它们的功能。它们真正的意义在于，首先，仪式将氏族的人民集中在一起，其次，在集合的场合集体性地举行仪式可以在氏族的人民中更新其团结感。"[1]西南少数民族水文化以涉水神祇祭祀仪式为结构存在的宗教实践，以非常态的方式使族群成员常态下被有意无意疏离和消散的团结感重新得到了强调和更新，由此，不仅作为一个文化共同体的族群得到了认同，而且作为一个更大单位的地方社会也顺势得到了整合。因此，传承和保护西南少数民族水文化，正是要确保持续发挥水文化的这些原生功能，尤其是自然生态维护与地域社会整合等，能为当前人—水紧张关系的缓和提供启示，也能为当前边疆民族团结、生态和谐社会的养成提供借鉴。同时，也要集思广益，创新思维，结合新的社会语境，创造性地转化和开发诸如西南少数民族水文化遗产观光旅游、水文化生态产业等一系列新的功能。

---

① 〔英〕E.E. 埃文斯－普理查德：《原始宗教理论》，孙尚扬译，北京：商务印书馆，2001：75。

第九章　西南少数民族水文化的变迁

第一节　当代社会转型与文化变迁

当今，在世界范围内几乎没有哪一个国家或地区不受全球经济一体化的影响，而且全球化并没有因地方化的逐渐警醒和应对而有所缓解，其进程反而呈进一步深化、不断加速的趋势。"既历史悠久，又人口众多，在面对共时态的全球化冲击之时，也在经受历时态的社会转型，并且取得了举世瞩目的成就的国家，大概只有一个中国。"[1] 作为一个具有悠久历史与文化传统的文明古国，长期以农耕文化为基础的中国传统社会走到当代，确实面临着共时、历时交叉的全方位社会转型，经历着剧烈的社会、文化变迁。由于历史上的种种原因，中国各少数民族长期以来社会和经济发展水平相对较低，在同时应对共时态外来的全球化危机和历时态内部的中国社会转型问题时，他们面临更多的挑战和压力，其社会转型的过程将显得更加艰难，因为对于长期处于相对封闭的少数民族来讲，无论是国家主导的历时态还是国际主流的共时态变迁，都属于非内生式的强力外推所致的变迁，他们要在面临这两股外来强大转变力量时，及时进行自我内部的文化调适及应对，才能相对平稳地度过社会转变与转型。

---

① 周晓虹：《社会转型与中国社会科学的历史使命》，《南京社会科学》，2014（1）。

西南边陲境内少数民族在 60 多年的当代社会转型期，历经国家主导的土地改革、民主改革、"人民公社""大炼钢铁""文化大革命"、改革开放、家庭联产承包责任制、市场经济等一系列经济、政治体制改革。同时，特别是在改革开放的 40 多年间，边疆各少数民族经历了从开始时突进式全球化、国内经济体制爆发式改革的剧烈变迁，以及当下相对常态化全球化所带来的渐进式社会转型。社会转型不仅意味着传统经济模式的改变，对于边疆少数民族来说，更重要的是社会转型导致作为民族精神内核的文化传统的变迁，文化传统的变迁又反过来加剧了社会的快速转型。中华人民共和国建立后，西南有些少数民族从原始社会、农奴制、封建领主制等直接过渡到社会主义社会，改革开放后又从计划经济一步跨越到了市场经济，过去自给自足的自然经济与传统熟人社会俨然已被当代商业化、陌生人社会取代了。其间，他们所经历的剧烈社会、文化变迁所带来的阵痛，至今依然在隐隐作痛。随着少数民族地区工业化、市场化以及城市化的进一步发展，少数民族正经历社会的快速转型与文化的剧烈变迁。

"在水资源的可持续利用与全省经济社会的协调健康发展中，干旱缺水、洪涝灾害、水环境恶化和水土流失 4 大问题仍是制约国民经济和社会发展的重要因素。"[1]旱涝、水环境恶化、水土流失，无一不以水问题为核心。西南少数民族水文化，是各民族千百年来创造的一系列与水有关的水环境、水信仰、水技术、水制度、水教育等一切包含水事、水务活动的物质和精神成果的总和，是他们巧

---

① 伍立群：《云南省河流与水资源》，《人民长江》，2004（5）。

妙应对自然、管理自我的一套生态知识系统。水作为人类重要的自然资源，不仅长时间受到气候变化的影响，而且受到严重依赖水资源的人类社会自身发展的影响。西南少数民族水文化的变迁，一方面直接影响着少数民族社会、经济的进一步发展，民族地区原生水生态一旦遭到破坏，将严重威胁少数民族自身的生存和发展，也会严重影响作为"亚洲水塔"的整个中国西南以及长江中下游的水资源战略安全。另一方面，由于水文化渗入西南少数民族社会生活的方方面面，生活化水文化的变迁，将导致少数民族社会结构及其功能的变迁，对其文化传统的传承和发展造成冲击，从而破坏整个民族文化生态系统。2009 年以来，西南五省区最突出的水问题是连续遭遇旱灾，局部地区甚至出现历史上的特大干旱。因此，水问题牵涉到社会生活的各个方面，它不仅是一个自然资源问题，也不仅是一个技术性问题，更是一个关乎社会、文化发展的复杂问题。综合起来，西南少数民族水文化的当代变迁，从外而内地看，表现在水环境、水信仰、水技术、水制度等核心要素的变迁上。

第二节　西南少数民族水环境变迁

水环境指自然界中水的形成、分布及其转化等一系列循环过程所发生的地域空间整体环境。水环境是自然水域、水体最受人类及其社会生活直接影响的空间，可分为自然环境和社会环境两个部分。我们所重点考察的水环境变迁，主要是各少数民族地区重要水源地、用水分布空间的形态、结构及其功能的一系列自然和社会区划。水环境变迁作为一个生态根源问题，对整个水文化的变迁影响至深。

当代各少数民族人口数量的规模和社会、经济的发展速度，远远超出历史上的任何一个时期，而社会的转型随即也加速了民族传统文化的急剧变迁，所以，大部分民族地区的人—水关系，基本上已从过去的田园牧歌式的和谐关系转变为现在相对紧张的状态。

水权的改变是西南少数民族水环境变迁中影响较大的因素。中华人民共和国建立后，水权一律收归国家、集体所有，相应地，国家成立了从中央到地方的专门水利主管及其职能部门。全国上下掀起了建设大大小小水利设施的高潮，在民族地区也新修了一定数量的水库（电站）、坝塘，这些水利工程及设施为保障民族地区日常生产生活用水，特别是在极端气候条件下紧急抗旱防洪起到了重要作用。改革开放实行家庭联产承包责任制，打破了人民公社时期以行政执管为核心的"大锅饭"集体制，生产、生活随之以相对独立自由的家庭为单位。随着当代市场经济的进一步发展，过去民间"公共"的空间、领域和生活，逐渐被"私人"的空间、领域和生活所取代，因此，各类民间组织固有的权威和力量遭到了较大程度的削弱。由此，西南少数民族长期以来举村、全民自发参与村社传统水事活动的水文化实践模式也发生了改变，一旦需要动员全民进行抗旱、防洪等公共水务、水事活动时，即使关乎村社自身的公共利益，亦必须自上而下由行政指派或商业驱动，否则很难有效地组织民间社会的整体力量并保证其即时运作。更重要的是，村民和自然（水）生态系统之间传统的自然"亲和"关系也随之改变，导致包括水观念、水环保等在内的少数民族传统自然观及其实践模式也随之改变。

图9-1　彝族山区荒废的龙潭　　　　（黄龙光　摄）

　　当代西南少数民族水环境变迁中，作为水源天然涵养库的森林的毁坏是整体水生态系统中的隐性部分。西南有的少数民族历史上曾实行刀耕火种的山地耕作方式，要"砍一片、烧一片"，但因其施行有效的传统轮歇制度，基本符合砍烧地水土、植被的自然有序恢复规律。但自20世纪70年代开始，云南西双版纳、德宏等地大面积人工种植作为国家战略物资的橡胶，截至2009年，德宏农垦实有橡胶面积81916.35亩，实有橡胶189.54万株。[1] 城子村是勐腊县勐仑镇坝区傣族村寨，目前城子村橡胶的种植面积已超过稻谷的种植面积，据2007年统计，橡胶种植面积达1867亩，而水稻种植面

① 黄龙光、杨晖：《社会变迁视域下云南少数民族传统水文化的变迁》，《学术探索》，2016（5）。

积为 1525 亩。[1] 到 2011 年，西双版纳橡胶种植面积已达 431 万亩。[2]
西双版纳州森林覆盖率曾为 100%，但由 20 世纪 70 年代的 70%，下
降到 21 世纪初的 50%。[3] 人工橡胶林作为纯林，缺乏原始森林原生
多样性生物群落结构及其互生互动机能，在自然环境、病虫害、景
观破坏方面危害较大，尤其在当地林区调节湿度等水土涵养功能方
面危害最大。据中科院勐仑植物园相关研究，"每亩天然林每年蓄
水为 25 立方米，保土 4 吨，而（产前）橡胶林每亩平均每年造成土
壤流失 1.5 吨，开割胶林每亩每年吸取地下水量为 9.1 立方米"[4]。
由于水环境变迁剧烈，2011 年德宏傣族甚至迎来了一个"无水泼水
节"，这不能不说是一个辛辣的讽刺。少数民族地区新兴的工业生产，
对当地水环境的破坏也有目共睹。滇中峨山县内，由于当地长期对煤、
铁、石灰岩等露天矿产的过度开采，不仅直接毁坏了当地原生植被、
原生地貌，也破坏了原生地质结构，造成后续山体滑坡、水源污染
等生态隐患。该县塔甸村 20 世纪 80 年代末投产的年产 30 万吨的现
代化水泥厂，曾对当地脱贫致富起了积极作用，但其常年排放的粉
尘、工业废水等给村民的日常生活造成了一定程度的污染。加上多

---

[1] 金少萍：《西双版纳城子村傣族村寨文化变迁的民族志研究》，北京：知识
产权出版社，2014：24。
[2] 赵飞飞：《西双版纳橡胶林：效益与生态的悖论》，《21 世纪经济报道》，
2013-06-20（007）。
[3] 黄龙光、杨晖：《社会变迁视域下云南少数民族传统水文化的变迁》，《学
术探索》，2016（5）。
[4] 戴波：《经济发展与生态保护的思考——橡胶种植与热带雨林》，《生态
经济》，2008（8）。

年来村里生活污水等顺灌溉沟渠直排小草海①，导致草海海面不仅悬浮物增多，而且因水质受到一定程度污染，导致本地鱼虾、泥鳅、鳝鱼等越来越少，影响草海周围生物多样性的维护。

第三节　西南少数民族水信仰变迁

纵观西南少数民族自然崇拜等原始宗教信仰，往往与其民族源历史、宇宙观、文学审美、民间技艺、道德规约等紧密结合，为融神圣世界与世俗生活的二合一文化综合体。今天，如果我们以现代生态视角观之，传统水信仰等原始崇拜对维持少数民族地区自然生态、社会生态、文化生态平衡，均具有重要的生态价值。在西南少数民族水文化体系中，最深层的内涵，是包括水（神）祭祀在内的与水有关的各种神祇信仰及其习俗。西南少数民族传统水信仰，其功能不仅直接服务于各民族日常生产、生活中的用水、管水等水事活动，而且服务于各民族一系列社会规范、社会管控等整个社会生态体系的建构和维护，因此，水信仰具有重要的意义。西南少数民族水信仰，主要植根于各少数民族传统自然崇拜、图腾崇拜、祖先崇拜三位一体的原始宗教文化。虽境内有的少数民族也信奉道教、佛教、基督教等制度性宗教，但影响其日常生产、生活最深的还是其传统的原始宗教。随着当代各少数民族经济、社会等一系列现代性变迁，包括水信仰在内的原始宗教体系随之受到冲击，加上长期无神论意

---

① 云南各地习惯称大大小小的高原"湖（泊）"为海。小草海中部边侧亦有泉涌，在当地历史上的历次旱灾中，小草海成为解救村民的"母亲湖"。

识、科学主义的主流教育和熏陶，基于各种涉水神祇崇拜的传统水信仰逐渐式微。但是，作为一种历史事象，它又长期存在于少数民族日常生产生活中，并作为民族传统文化的核心思想观念及其历史记忆，影响社会生活的方方面面。

曾"逐水草而居"的迁徙民族彝族，自古有"水生万物"的创世观念，这在彝族经典《阿赫希尼摩》《勒俄特依》（《天地变化史》）、《梅葛》《彝族氏族部落史》《六祖魂光辉》《赊豆榷濮》等神话、史诗、古歌及其仪式中均有普遍的表述。彝族有天神、山神、水神、林神、树神、龙神、村寨神等各类涉水神祇崇拜，从早期水神到龙神崇拜的演变，是彝族水崇拜从抽象到具象的发展过程及其结果。美姑是四川大凉山彝族文化的腹地，20世纪90年代，据相关统计，毕摩经书几乎达到人均1卷。但是，"近几十年来，由于这里的社会、文化发生了变革，现今当地彝族对山神（神山）信仰已不如过去虔诚。过去被视为山神统辖的森林已不再具有神圣性意味而遭砍伐，过去被视为山神豢养的各种动物有时也遭厄运"①。滇中峨山彝族自治县塔甸村，是一个有1200多人的行政村。20世纪90年代初启用来自邻村水源的自来水工程前，全村依靠村头村尾两个龙潭供生产和生活用水。村头龙潭至今水流汩汩，沿潭而出的水一直流经村中无数坝田，最后流入该村"母亲湖"小草海。中华人民共和国建立前，每年农历二月首个子日，举村要在村头龙潭边举行祭龙仪式。"破四旧"前，每年正月第一个街日叫"开新街"，该村各组耍龙队必先到龙潭前耍舞"请龙"附身，后沿街展演时方

---

① 李子贤：《多元文化与民族文学——中国西南少数民族文学的比较研究》，昆明：云南教育出版社，2001：151。

能祈求风调雨顺、五谷丰登，十六日灯会结束要到村尾草海"送龙"归海。[1]而当地这些彝族本土的水神、龙崇拜及其祭祀，以及外来的"请龙""送龙"等灯会民俗，都已成为历史记忆。其实，它们都与当地彝族历史上定居农耕后，对"靠天吃饭"的重要因素雨水的焦虑、期盼和诉求有关。随着社会的发展，当地民间各类神祇的威力和影响也逐渐降低，包括过去塔甸大庙里供奉的关帝、观音以及孔子先师等神偶也随 "破四旧"一去不复返。近年来，外来基督教对当地彝族民间社会的渗入和传播，即由以上各类"旧神"被打倒导致的民众心理需求的空位造成的。

图 9-2　云南花腰傣鱼篓　　　　　　（黄龙光　摄）

傣族是一个典型的稻作民族，其传统水文化非常发达。西双版纳傣语称"土地"为"喃领"，即"水土"，说明水与土、水与环

---

① 黄龙光：《民间仪式、艺术展演与民俗传承——彝族花鼓舞田野民俗志研究》，北京：中国社会科学出版社，2015：168。

境在傣族文化体系中息息相关。在傣族贝叶经书中的《创世纪》《巴塔麻嘎捧尚罗》（《开天辟地神创世》）、《英叭开天辟地》《布桑该雅桑该》等创世神话中，水被视为创世、创生最重要的原始物质之一。历史上"沿水而居"的傣族，外来小乘佛教与本民族传统自然崇拜等原始宗教两相融合，形成本土化、傣族化的独特信仰体系。但当代橡胶商业种植、旅游经济带来的冲击，加上水权及水管理方式的变化，加快了傣族传统社会的转型，带来了包括水文化在内的民族传统文化的一系列变迁。在傣族村寨背后，往往有几十亩甚至上百亩原始植被林"竜林"。傣族视竜林为寨神（氏族祖先）和勐神（地域、部落祖先）居住的家园，任何时候都严禁放牧、砍伐、动土。竜林及其周围的林区构成整个傣族地区热带雨林系统，自然调节当地的湿度。但如今迅速扩垦的橡胶、热带作物等种植园，致使竜林孤零零地固守着傣族村寨。而在现代文化旅游情境下的祭井、浴佛、泼水等相关水信仰习俗，在一定程度上带有被旅游产业异化的色彩。

　　滇南红河州绿春县东南与越南毗邻，是真正意义上的边疆地区，哈尼族人口占全县总人口的 87.4%，民族传统文化保持和传承良好。每年农历正月首个丑日，是哈尼族祭祀村寨神"昂玛熬（凸）"的日子，寨神祭祀是每个哈尼村寨年度最大的节祭。寨神林也即水源林，往往位于村寨上部（山头），寨神象征是一棵笔直茂盛的"万年青"榕树，祭寨神前须先祭水（井）神，因为现代自来水在物质属性上虽清洁卫生，但从文化属性上来说，哈尼人笃信（井）泉水更清洁甘甜，因此敬神祭祖等所有的祭祀用水都须由村里"五福"老年女性用竹筒背来的（井）泉水。在过去没有自来水时，哈尼人日常生产、生活用水都依靠水源林里的井泉，直到今天，位于村寨下面层层梯田的用水供肥，仍然主要依靠寨神林所庇护的（井）泉，可见（井）泉之水对哈尼村寨的重要性。如果说"昂玛熬（凸）"寨神祭祀是各哈尼村寨年度最重要的独立节祭，那么"阿倮欧滨"就是绿春多娘梁子所有哈尼村寨最重要的联合节祭。绿春县城西的"窝拖布玛"，是绿春多娘梁子上最早建立的寨子，也是当地"阿倮欧滨"传统水祭仪式统辖的 13 个哈尼村寨中的母寨。"阿倮欧滨"是位于县城东元阳与绿春两县的分水岭，每年农历正月第二个丑日，多娘梁子所有 13 个哈尼村寨必联合举行阿倮欧滨祭祀。对于当地哈尼人来说，阿倮欧滨的 12 股泉水，不是山里、林中涌出的泉源，而"是天神摩咪赐给的福气，更是阿培烟沙给的福水"[①]。客观上，阿倮欧滨的地质结构、茂密的植被等孕育了阿倮欧滨的泉源，但主观上，哈尼人认为更重要的是天神和祖先赐给后辈的福祉，这样不仅以天神和祖先神化了阿倮欧滨水祭仪式，而且理性地保护了以泉源为核心的阿倮欧滨文化空间，从而使其泉源汩汩，持续滋养着周围的哈尼村寨，极具生态价值。[②]绿春哈尼族笃信自然崇拜与祖先崇拜，直到今天，"昂玛熬（凸）""阿倮欧滨"等水祭仪式依然保持着神圣性和封闭性，一般外人很难参与仪式、参与当地村落传统祭祀活动。传统寨神、各类水神崇拜等，在当地哈尼人的生产、生活中仍然占有重要地位。

[①] 白门普、白木者等演唱：《都玛简收》，卢保和、龙元昌等翻译整理，昆明：云南民族出版社，2004：244。

[②] 黄龙光、白永芳、玉波：《绿春哈尼族 "阿倮欧滨"祭祀的生态实践——兼谈哈尼族传统文化对生物多样性的保护》，《云南师范大学学报》（哲学社会科学版），2011（5）。

第四节　西南少数民族水技术变迁

水技术作为西南少数民族水文化中最具技术含量的部分，是历史上人们在应对各种水问题的过程中，不断发挥集体的聪明才智而创制的一系列合理利用水资源的技能和经验的总结，是处理人与（水）自然关系中最具物质属性、相对理性的方面。千百年来，西南边疆各少数民族因地制宜、就地取材，发明、创制了一整套包括掘井汲水、筑坝防水、开沟挖渠输水、制水车提水、造水碾磨面、建桥渡舟等传统技术来应对一系列的水问题。当今，随着人类社会科学技术的发展，那些曾蕴含各族人民智慧和经验积累的水技术逐渐被弃用。西南少数民族地区先后采用现代先进的水利技术，构筑了大大小小高效的水利设施，为民族地区抗旱供水、防洪排涝提供了现实的保障。但是，对现代先进水利技术及其设施的惯性依赖，一方面导致人们急速地抛弃包括水技能在内的民族传统文化，另一方面现代水利技术的滥用导致对水资源的过度开采、巨大浪费以及大面积污染。如碰上天干年份，再怎么先进的现代水利技术设施，往往也只能沦为华丽的摆设。

滇中南峨山彝族自治县塔甸彝村，自从 20 世纪 80 年代末用上了自来水，过去供全村生产、生活用水的龙潭和井泉基本被废弃。一年一度集体义务淘洗井泉、疏通沟渠已成为历史记忆，临近村户甚至不断侵占着井泉、龙潭的公共空间，泉源及水塘成为鹅、鸭戏水的场地，流经坝心的灌溉沟渠里布满塑料袋、农药瓶、死牲等各类生产生活垃圾。20 世纪 90 年代后期，作为"玉烟"重要的原料产地之一，当地为山地烟草种植专门修建了从草海抽水灌溉的现代水浇地工程。大多数农户还购置了小型水泵，从此山涧大小溪流、泉源都成为人们竞相抽取的灌溉水源。2009 年开始的全省持续旱灾中，因长期扩植烟草变相毁林垦荒、伐木烤烟，降雨量减少导致各井泉、龙潭、草海水量锐减，当地现代水浇地工程的大小钢管、蓄水池成了名副其实的"干管""旱池"。近年该村自来水水源林也受"林烟矛盾"的影响而遭砍伐，森林水源涵养地的水量逐渐减少，如对龙潭、井泉不加以维护和养育，将来还得面对因水资源短缺而返贫的严峻问题。

图 9-3 云南大理白族现代灌溉稻田 （黄龙光 摄）

滇南绿春县城西"窝拖布玛"哈尼村，虽然今天依然举行井神、寨神等神圣祭仪，但井泉周边也常遍布各种生活垃圾。哈尼梯田间密布纵横交错的大小沟渠，过去每年秋收后到栽秧前，往往顺高坡水沟往梯田冲发酵好的农家肥。冲肥一次，可保 3 到 5 年土地肥力不减，不仅保证稻谷丰收，也解决了村寨内家畜粪便随地污染的问题。如今，当地使用尿素、复合肥等现代化肥和农药，以保丰产丰收，再也不需要这种搅拌畜粪顺水冲田增肥的传统方法，但随之带来了梯田原生肥力下降、化肥农药残留污染水质等问题。传统的刻木（石）分水技术，曾普遍在傣、哈尼、彝及苦聪人等少数民族中使用。哈尼族传统的刻木分水技术，是哈尼梯田灌溉系统中公与私互惠的一种技术手段，在其神秘的安放仪式中，巫师下毒咒施以威慑，寨老、巫师对私下破坏者给予严厉处罚，在促进哈尼梯田稻作生产的同时，也整肃并控护哈尼村寨社会生活的秩序。但如今随着寨老、巫师在民间村落社会中的权威下降，科学、法理及资本等要素的全面渗入，该村梯田灌溉中刻木多数已腐毁，少部分被收进博物馆供展览，而神秘的木刻安放仪式早已不存在了。

图9-4　云南烟草抗旱贮水罐　　　（黄龙光　摄）

西南少数民族水技术，是其祖辈在长期的水务活动中因地制宜创造的技能和经验积累，具有地域性、民族性及时代性。随着时代的发展、社会的进步与技术的创新，那些不符合新时代社会、经济发展需求，相对粗陋、低效的传统手工水技能必然退出历史舞台，这是符合文化自身发展规律的。但西南少数民族水技术中所蕴含的集体性、生活性和文化整体观及其生态实践，使水技术超越了技术本身而使所在民族地区"因水而治"，对西南少数民族村寨具有较强的社会生态价值，长期以来合理地解决了从水源到水尾一系列水事问题，这是现代刚性水利技术及其设施所无法做到的，因为它往往无意中割裂了人与（水）自然间的那种亲和关系，只注重和强调理性的从物到物的关系。同时，为良性传承文化生态系统下的民族文化传统，对于那些依然在发挥作用的、符合自然生态及技术规律的传统水技能，可依实际情况进行保留、技术改造等可持续传习。现代先进的水利技术及其设施，因没能很好地与传统水技术衔接，水库、自来水、人工增雨、防雹技术、水泵、水浇地、水库管网等一系列现代水利技术设施作为一种高效手段，主要解决了工程性旱涝问题，但没能解决作为根本的水源问题，所以凡逢降水减少天干年份，水库坝塘管道沟渠依然缺水，先进的抽"水"管道成了"干"管道系统。现代各种水利技术及设施，属于工程性用水技术的一部分，作为解决综合性水问题的一种技术途径和手段，往往只能"治标"，不能彻底"治本"，因而从水问题的源头上，思考如何长期蓄养、滋育大自然本身，恢复水生态循环才是根本。

第五节　西南少数民族水制度变迁

　　由于水作为自然（资源）在日常生活中的不可控性，水信仰主要协调人与（超）自然（水）的关系，因此历史上各西南少数民族主观上创造了各路涉水的神祇。水技术作为管水的理性手段和方法，主要调控人与自然（水）的关系，是少数民族一种管水的创造性制度发明及积淀式经验积累。水制度作为一种社会控制的规约和制度，主要协调人与水、人与人、人与社会的多重关系，实为西南少数民族村社一种"因水而治"的独特社会管理模式。出于水资源及其水务活动对人类社会的不可或缺性，在私有观念产生之后，各类管水制度的制定及其严格实施，都旨在通过协调个人和个人、个人和集体之间的利益关系，将潜在社会离散力的影响降到最低，从而尽可能地整合社会。因水的流动性，历史上这种因水而获超强整合的地域性甚至超过民族性。所以，一旦西南少数民族地区管水制度失效，不仅意味着水文化内涵的严重缺失，更意味着少数民族社会传统意义上自我管控模式及其实践的衰落。

　　西南少数民族管水制度，长期以来其具体形态体现为涉水的民间规约与习惯法，大部分属于少数民族民间社会自治、自管的不成文法。云南峨山彝族自治县塔甸村后作为风水林、水源林的"咪嘎哈"神林，平日严禁任何人入林伐木、捡树叶、铲山灰。但在 20 世纪"大炼钢铁"期间，木质坚硬的栗柴等林木几被伐光，如今浓密的栗树、水冬瓜、油松、黄柴木等都是后长的。虽然近 10 年来当地恢复了传统咪嘎哈节祭，但也有极少数人在神林边缘偷砍烧柴，而林中的腐殖土多被人们铲取做烟草营养袋、蔬菜种植的山肥。说明作为村寨神的咪嘎神，已不足以威慑现代市场化下个体化倾向愈加明显的家庭与个人。村头龙潭旁刻有"源远流长"的井规碑，嘉庆五年（1800）首建头塘，后因"水流散漫、清浊难辨"，于咸丰元年（1851）重修二、三塘，并合村同议井规，勒石为训。每月三十日龙头须彻洗井内以保洁净。20 世纪 90 年代初村里用上现代自来水后，龙潭传统"头塘挑饮、二塘淘米洗菜、三塘浣衣"的井规沿用 160 多年后被彻底废弃。"违者罚银三两三分入公"的经济重罚也成为历史记忆。一方面，如今龙潭年久失修，三塘均被泥沙填塞，水流散漫，人们早已不遵守头、二、三塘依次"挑饮""淘米洗菜""浣衣"的规约，昔日作为村寨公共生活中心的龙潭如今成了鸭鹅的嬉戏空间。随着龙潭在传统公共生活中的职能发生了改变，其境遇也发生了改变。另一方面，由于缺乏权属、监督、维护、收费等相关具体的管理规定，作为村民生活饮用水的自来水则往往被浪费，最明显的就是在私人建筑、浇灌、清洁等非生活饮用的滥用上。

西双版纳州勐海县西部的勐遮镇是个大坝子，自古被称为"滇南粮仓""版纳粮库"，森林覆盖率 43.9%，境内现有中型水库两座，小型水库 19 座，发达的现代水利设施有力地促进了当地粮、蔗、茶等支柱性种植产业。在曼纳迈傣寨，由于佛寺和自然崇拜等原始宗教的守护，水文化变迁显得相对和缓。粮、蔗、茶以及热带水果等农业种植，主要依靠各级政府水利职能部门直管下现代水利技术和设施的高效运作，生活饮用水也早用上了自来水，但生产、生活用水除每年通过天然降雨蓄水水库外，都离不开对当地竜林等原生水源林的保护。20 世纪中期，村寨竜林也曾遭大肆砍伐，但当地现代橡胶、热带作物种植并不像其他地区那样扩张迅速，所以竜林泉源和寨内井水依然水流汩汩。曼纳迈傣寨内水井修有傣式护亭，其内壁用傣文写着严禁在井内吐口水、洗手、浣衣等井规。年轻人多数已不识这些傣文，但中老年人依然能释读并在日常生活中加以遵守。一年一度的泼水节浴佛用水，亦须从井里汲来，这得益于（原始）

宗教信仰中护生、养生的生态观念及知识。勐遮傣族村寨水文化中虽然水技术也在一定程度上被弃用，但现代水利技术及其设施并未完全取代传统水技术。相反，在受现代旅游业影响较大的景洪市周边的傣族村寨，包括水井、浴佛、泼水在内的传统水文化明显带有被旅游异化、空心化的痕迹。

红河州绿春县东南与越南接壤，作为哈尼族最大的聚居地，目前县域工业、旅游业等新兴产业有限，自然崇拜、图腾崇拜与祖先崇拜等哈尼族传统原始宗教依然在其日常生活中占有重要地位。目前，绿春县哈尼族传统水文化传承总体良好，哈尼民众一如既往地参与村寨内部水井、寨神祭祀，也参与地域性"阿倮欧滨"联合祭祀等。但历史上因哈尼梯田曾一度扩垦，对原始森林及植被造成一定的破坏，长期以来供源县境内松东河、牛孔河以及临县泗南江、乌拉河、金河及麻子河的"阿倮欧滨"分水岭水量明显减少。虽"阿倮欧滨"祭祀腹地刻有水规，但我们发现此地被视为风水好地，历代均有坟茔侵占祭场的情况。在附近林地内放牛、牧马也较为常见。从社会学视角分析，这不仅源于民族共同体内部个体对整体的一种固有冲击和不断离散，也与当代社会转型的大背景有关。在现代行政权力、商业资本的逐渐渗入下，西南少数民族村社内部祭司、长老等权威正在逐渐失落，他们难以像过去一样，全面组织参与修订、实施、监督及管控传统水制度，而单靠民间神祇的威慑难以抵挡现代"科学主义至上""个体主义弥散"等信条的渗透。当然，西南少数民族现存各种大大小小的水祭仪式，总体上依然以集体信仰的方式，对水制度的局部失效给予了积极的文化修复，依然在维护和重建村社以及更大地域范围内的社会生态。

小 结

西南是一个典型的边疆山地区域，虽河流湖泊众多、水资源总量蕴藏丰富，但境内河谷纵深，可供开发的水资源比例较低。长期以来，因西南地区社会、经济发展不平衡，导致人均占有水资源分布极其不均衡，城区供水尤其紧张。当代社会的水问题已不只是一个单纯的科技问题，西南少数民族水文化是一个融信仰、技术、制度、文化、社会与经济发展为一体的大课题。近年来，西南五省区罕见的特大旱灾，警示我们需重新认识和修复人—水（自然）关系，一系列水环境恶化、旱涝以及森林火灾、水土流失等伴生灾害频发，是人—水关系失和的一个红色信号，各种现代先进的水利技术及其设施固然可以"治标"一时，但唯有从水源养育、维护以及水文化教育、传承等方面入手，才可"治本"一世。

任何时候，水资源对人类社会的发展都具有不可替代的战略意义。西南少数民族地区资源普遍丰富，但由于历史上的种种原因，整体社会、经济发展水平明显滞后。在民族文化交流日益频繁的今天，少数民族通过实际对比，愈加意识到自身社会经济发展的落后现状，比任何人都想早日步入现代化的行列，因此，短期内他们往往急速抛弃包括水文化在内的民族文化传统，无意识中陷入重经济效益轻生态效益的短平快发展模式①的窠臼，这是一种非理性的观念与错误行为。像矿业、橡胶、烟草、旅游业以及城镇化等一定要在可持续发展的生态观下因地制宜，在构建和维护好和谐人—水关系

---

① 黄龙光：《西部少数民族的传统生态文化》，《绿叶》，2013（8）。

前提下合理开发、稳步推进，在发展中兼顾经济效益与生态效益，从而获取双赢乃至多赢的良好局面。否则，水资源短缺、水质污染以及水环境破坏等水问题，将严重制约西南少数民族经济社会的可持续发展。

西南少数民族水文化涉及社会生产生活的方方面面，是生活化生态与生态化生活的高度融合，虽在当代社会转型背景下整体正经历一系列的变迁，但相对来说依然内源式地发挥着自然生态、文化生态与社会生态三重重大功能。"传统知识是一个民族或一个社区集体多年实践的智慧积累，也是现代社会进步和知识创新的源泉。保护和传承这种知识，有益于民族的生存、国家的繁荣和人类的进步，一旦丢弃就会永远消失，这将是整个人类文明的重大损失。"[①] 西南少数民族水文化是其祖祖辈辈千百年来应对（水）自然关于水知识、水技术等一系列创造发明和经验的积累，对那些依然还在发挥功能的水技能和经验要积极地进行转换和重构，积极地与现代高科技水利技术相对接。西南少数民族水文化神圣性与世俗性结合，长期以来在其水务实践活动中，既有神祇的威慑，更有人力的施为。我们应积极转变文化观，历史地看待、温和地处理西南少数民族水信仰等历史问题，切不可动辄以意识形态论武断地一刀切，否则历史将重蹈覆辙。我们应对西南少数民族水文化中育水、爱水、惜水、护水等具有生态价值的水观念及其实践进行全面传承与教育，以早日建成边疆民族生态和谐社会。

---

① 薛达元、郭泺：《论传统知识的概念和保护》，《生物多样性》，2009（2）。

第十章　西南少数民族水文化的传承与保护

西南少数民族水文化，不仅是西南少数民族传统文化的重要组成部分，而且是西南少数民族生态系统的重要组成部分。西南少数民族水文化，不仅具有重要的历史、社会与人文内涵，更重要的是，它还具有自然、社会与文化三位一体的现代复合生态价值，不仅对维护自然生态平衡具有重要的意义，对民族地区构建生态和谐社会亦具有重要的现实意义。

在当代社会转型的特殊历史时期，在全球范围内地方传统文化正遭受剧烈的变迁，它在过去相对缓慢的自然经济背景下自为传承的进程受到了不同程度的冲击与破坏，因此，对民族传统文化不论是内源式传承还是外推式保护，都显得异常重要。作为一种极富生态智慧的地方性本土生态知识，西南少数民族水文化的持续发展动力，不仅源于根基论基础上的人地互动关系史，更源于少数民族全民文化自觉意识上的活化传习与保护。也正是在这个意义上，我们说西南少数民族水文化，不是一种形而上的纯理论知识体系，而是一种融于各民族社会生活的实践型知识体系，其全部意义在于实际运用与活态传承。

第一节　西南少数民族水文化的传承

作为一种特殊的文化类型，西南少数民族水文化不仅是西南各少数民族千百年来与自然（水）长期互动的历史过程及结果，也是其民族文化自我传承与发展的动态过程及结果，更是西南少数民族地区各种"涉水"社会关系的总体协调、处理及其结果。历史上，西南各族在各自具体的现实水事活动中，已逐渐形成并发展出一整套水文化传承及其实践模式，我们应思考，如何在此基础上结合当代复杂多变的社会背景，创造性地激活水文化内在的动力，传统与现代、历史与当代，全面加强西南少数民族水文化的传承。

一、主体传承

作为一个客体的人类创造物，任何一种文化都不可能凭空产生，它不可能是一种纯粹自然、自发、自成的体系，只有通过作为文化主体的人在长期与自然不断的互动过程中，才能创造和发展出一套适应人地关系的物质、精神与制度的集成物，反过来指导、规范人类社会应对自然的一系列行为，不仅满足其自身生存和发展的要求，也维系人与自然这个自然—社会生态共同体的良性运行。因此，特定的民族传统文化体系，也只对特定自然生境下特定主体才具有意义。离开了孕育民族文化的特定生境，离开了创造和传承民族文化的特定主体，文化不仅不可能生成，就算有可能生成，也将变得毫无意义。"主体对民俗文化是一种创造，是一种持续不断的生发和运用，主体对民俗的创造与运用，将它们链接起来就构成了一种民俗生活流，建构了主体完整的民俗生活世界。"① 观察和分析西南少数民族水文化，西南多元立体的自然环境与境内各少数民族主体是两个不可分割的要素，正是西南各民族通过长期适应西南特殊的自然环境，孕育和创造了绚丽多彩的西南少数民族水文化。也正是依靠西南少数民族水文化，千百年来人们才能协调、处理西南各民族与水（环境）之间的关系，使人—水关系始终处于一种相对和谐的状态。

"我们必须清醒地认识到，任何民族的本土生态知识都具有传承功能，民族文化也具有抗拒风险的能力，应对自然和社会环境巨变的再适应禀赋，维护本土生态知识的活态传承，各民族自己有能力做好，而且也只能靠他们去做好，绝不可能包办代替。"② 对于西南少数民族水文化的主体传承，不论是来自国际还是国内各种外推式保护，不管其力度和强度有多大，毕竟都是外来的客位力量及其运作，它必须依靠一定的政治、经济与文化政策作为保障。一旦提供保障的政治、文化政策不够稳定，经济投入不能持续，其强制推行的保护也随即不稳定或难保持续性，其保护时间和效能的有限性也即可想而知。相反，对于西南各少数民族来说，水文化的现实传承从来都是其个人事、家事、村寨事、民族事，水文化是其民族传统文化体系的重要组成部分，水文化传承自然地构成其社会生活的一部分。对于他们来说，但凡涉及村寨集体用水、治水的事，都是事关民族、村落生存和发展的头等大事。每个人参与各类公共水事、水务不仅是一种社会责任，是他们履行民族使命的一种义务，更是

---

① 黄龙光：《从民与俗谈对民俗主体的关注》，《云南民族大学学报》（哲学社会科学版），2008（4）。
② 杨庭硕、田红：《本土生态知识引论》，北京：民族出版社，2010：142。

他们与生俱来的一种文化惯习。云南西双版纳最大的坝子勐遮镇的曼迈傣寨虽早已用上了自来水，但寨中水井依然是其水文化的一个核心空间，井身用傣文刻有爱护水井、不玷污井水等民间水规，井塔上长着一棵榕树，其根须几乎将井身覆盖。当地傣族人说树上的附生兰花可治病。当地傣族泼水节、赕佛等祭祀活动用水，仍须汲井水而用。这说明水的洁净与否，在当地人的心理认同上，与技术关系不大，而与当地人的族源、历史和信仰有关。这样的主体身份及主体传承，使西南少数民族水文化的传承完全成为一种集体无意识的全民自觉传承，因此，其持续稳定的传承效果和效力是任何客位传承难以企及的。

在西南少数民族水文化的传承主体中，那些熟谙民族历史记忆、拥有宗教法力而德高望重的民间祭司、巫师等神职人员，以及娴熟掌握少数民族传统水知识、水技能而德才兼备的能工巧匠，以及因能秉公办事兼备为民服务思想的水倌等，都是少数民族水文化杰出的传统承载者，他们是水文化传承的核心角色及力量。民间宗教神职人员是那些超自然涉水神灵在人间的代表，作为能工巧匠的涉水技工人员，代表着人间理性的力量，而中间的管水水倌等代表着少数民族社会集体公约的监督者，其余所有的男女老幼等民族成员都是水文化传承的参与者与责任人。在当代社会转型与文化变迁的现实语境下，亟须提高少数民族水管理的参与感，给予其充分的水资源获益权，以缓和并改善当代社会少数民族主体与水（域）及其相关水事实践之间事实存在的疏离感。在公共水权范畴内的所有集体水事活动中，可以通过认定和扶持水文化杰出传统承载者的身份，以激活其内在的传承动力，同时，全面调动所有民族成员参与水文化生态实践的积极性和主动性，这样，以那些杰出传统承载者为核心，自然示范、吸纳其他普通民族成员共同践行村落水文化的生活化传承，从而进一步强化水生态问题上的民族、村落乃至水生态共同体的共同责任与整体利益。

二、整体传承

民族文化是一个纷繁庞杂而经过历史积淀的复合系统，其内在自有一套稳定的结构及其运行模式。西南少数民族水文化是其整个民族文化系统的一个主要部分，但它却超越了部分与整体、局部与全局的关系。传统水观念（信仰）、水技术与水制度三分不仅与文化的精神、物质与制度三分相对应，而且水作为人类社会极其重要的物质基础，自然流淌在人类社会生产生活的方方面面，从而带有一种"超整体性"特征，不论从水观念、水技术、水制度、水教育等任何单一视角探讨水文化，都只能是整个水文化系统的一个侧面，也就是说，只有当所有这些要素结合起来，才能构成水文化的整体，反过来，这个整体的水文化系统生成了表征不同的水记忆、水观念、水技术、水制度、水审美、水教育等具体的表层文化形态，它们之间是一种相互链接、相互依存的互动关系，它们一起有机互嵌、交织而成为少数民族水文化的整体组织结构。

西南少数民族水文化的整体传承，首先是文化整体观视野下的整体传承。一方面，我们不能将水观念、水技术、水制度、水教育、水审美等任何一面截取出来进行切片式传承，单项传承与其说是推进了整体传承，不如说是分化了整体传承，这样显然不符合水文化内部各要素结合紧密的整体结构的客观事实。因此，须将水文化视为一个自足的文化系统进行整体传承。具体而言，水观念主要依靠文化心理的教育传承，水技术主要依靠身体（口耳、手工）实践传承，而水制度主要依靠群体行为与规约的强制传承，而所有这些部分，共同融入作为一个整体的少数民族水事活动，得到整体传承。另一方面，水文化作为西南少数民族传统文化系统的重要组成部分，因水固有的创生属性与生存所系，人类社会无时无刻离不开水，它不仅是一种源生性根文化，更是一种核心民族文化，水文化的传承自然并入民族传统文化系统的整体传承中，后者既是前者的文化土壤。又是文化母体，它自古孕育、滋养并挟带传承了少数民族水文化。

其次，西南少数民族水文化的整体传承是整体生态传承。水是自然界的首要元素，在生态系统自我循环中具有重要的水分调节作用，水文化是协调人—水关系的一系列综合创造物，水文化的传承要植入自然生态的整体传承中，而不是将其单独划分出来进行孤立传承，否则，离开了互动互生的土壤、空气、森林、生物等多样立体的生态元素，水生态也将因旱或涝导致与大自然生态系统分离而失去平衡。

再者，西南少数民族水文化的整体生态传承，还指文化生态与社会生态等多重生态结合的整体传承。具体而言，一指水文化在族际、地域的整体生态传承。西南少数民族水文化，是西南各族共同应对西南独特的自然环境而共同创造、共同享用的水生态文化，而水生态文化协调和维系了西南这块独特地域的整体生态平衡。二指在西南少数民族水文化结构系统内，水文化对促进文化生态、社会生态和谐的重要作用。因此，自然生态、文化生态与社会生态三合一的整体生态传承，才完整地构成西南少数民族水文化的整体生态传承。

三、生活传承

民俗传统本身作为一个庞大的文化体系，具有很强的惯性与吸纳力，它以集体生活的名义进行号召，将族群成员紧密地聚拢在一起，通过积极的社会互动，使民俗自身获得持续不断的传承、创新与发展。[①]西南少数民族水文化是一种生活民俗，也是一种生活方式。西南少数民族水文化，自然融入其一系列大大小小的水事活动中，它生发、存在、运行于西南各少数民族的日常社会生活中，作为一种生活文化而得到生活化传承与发展，同时也成为西南各少数民族一种独特的生活方式。哈尼族在婴儿出生后第 13 天举行象征性劳作仪式，为其取名。如为男婴，由同宗族父母健在的一位健壮男童，穿上劳动装，提一筒糯米饭，扛起小锄头，扮成农夫模样，在众人的祝福声中到家门外，婴儿母亲怀抱婴儿跟随其后。在房旁地边，男童在婴儿面前挖地三锄，象征男婴长大后能种大田，勤劳勇敢，是梯田农业的能手。如为女婴，则由一位健康女孩手持小镰刀或砍刀，在屋外当着女婴做出割谷、砍柴的动作，还要游戏般头顶簸箕在"田"里捉鱼，表示女婴长大后勤脚快手，既能从事梯田劳作，又能勤俭持家。[②]这是哈尼族传统的梯田农作生产观念与知识的教育性传承，已融入每一个哈尼族的人生礼仪中。这种教育传承兼有家庭教育与

---

① 黄龙光：《民俗学引论》，昆明：云南人民出版社，2015：26。
② 王清华：《梯田文化论——哈尼族生态农业》，昆明：云南人民出版社，2010：144~145。

社会教育的特点，与其说是为了让婴孩自小接续哈尼族梯田文化，不如说是为了让村寨中每一个成员反复认知哈尼梯田对家庭、个人的重要意义。西南少数民族水文化中的水观念、水知识、水技能、水制度等具体内容，自然嵌套并运行于其真实的日常生产、生活中，其传承随着日常生产、生活的展开而展开，它在地化地随着少数民族的社会生活完成了传承。西南少数民族水文化不是一种形而上的抽象理论系统，正因其弥散于日常社会生活的点点滴滴之中，所以才是一种接地气、活形态的生活传承文化。因此，任何生活于其中的个人或社会组织，都是水文化的生活主体和传承主体。

西南少数民族社会生活语境和水事、水务活动情境，都是其水文化赖以存在和运作的时空条件，更是其代际传承的生活场和生活媒介。如今，水权和水管理已由政府相关水利水务职能部门专门负责，只有在一些边远的少数民族地区，才保留着全民参与、共同应对的民间传统水事、水务情境和生活场域。现代用水、治水职能的行政化和商业化模式，使得传统水文化的传承在很大程度上去主体化、去生活化，这虽然在一定程度上免除了少数民族的责任和义务，也使少数民族在一定程度上对水资源的所有权和获益权进行了被动让渡，使水利、水务工作事实上成了一种外推式客位施为，在共享自来水等现代水利便利的同时，也淡化了他们对水来之不易的认知感和亲和度，其传承的效果可想而知。因此，现代水利事业要与地方各传统水文化主体联手，唤醒其水生态共同体意识，激活少数民族水文化的生态价值，提供其参与水利、水事活动的时间与场域条件，充分发挥其主体传承的能动性和积极性。

受行政化或商业化推动的现代水利、水务部门及其力量，其目的固然也是"治理一方水土，造福一方百姓"，但不能将少数民族全员参与水务、水事时积极的主人翁精神、饱含的感情及高度的责任心整合进来，变成一种居于客位的硬性行政指令或营利商业投资行为，造成很多现代水利工作因对水权的独占和对水益的独享，使其水利工作完全脱离了当地人的社会生活实际，剥夺了当地人对当地水文化公平传承的权利，不仅造成了少数民族水文化传承的断裂，同时也使当地现代水利部门及其水务工作独木难支，在治水、用水等公共水生态治理上屡屡事倍功半，有时甚至打着开发的名义破坏了当地原生水生态环境。因此，西南少数民族水文化杰出的传统承载者以及各民间自组织团体，长期以来熟谙当地水文生态环境，掌握着一整套因地制宜的用水、治水、管水的技术和方法，在合理分配水权的前提下，充分激发他们在当地公共水事、水务生活中的参与感，激发他们传承水文化的积极性和热情，西南少数民族水文化才可能获得良好的传承效果。

第二节　西南少数民族水文化的保护

西南少数民族水文化的传承，主要基于少数民族自身内源式主体间的代际传递和学习，总体而言，无论外在的社会环境如何变迁，其传承与传承效力长期以来相对比较稳定，因为这事关水文化所在地民族自身的生存和发展，因而已自然深入其内在的心理传承。西南少数民族水文化的保护，理论上主要也基于内源式主体的代代保护，但相比水文化的传承，它更需要一种外推式的全民保护，尤其是在商业化愈演愈烈的当代社会转型时期。从学界、政府到社会各界等多重保护主体的视角来看，西南少数民族水文化的保护，主要可以从静态保护、动态保护与整体保护来进行。

一、静态保护

文化的静态保护是一种相对固定的、静止的保护，主要指对西南少数民族弥足珍贵的、濒临失传的水文化的一种档案式搜集、记录、整理、保存和保管。静态保护的实施主体以学界力量为主。西南少数民族水文化作为一种民族民间活态化的生态文化，因其自然流淌在各少数民族各种日常生活场景中，与其社会生产生活息息相关，因此长期以来我们缺乏对其客观而系统的专业调查、搜集与整理。西南少数民族水文化的生态价值及功能，对内在的本民族成员来说就在举手投足之间因熟视无睹而受忽视，对外界来说因其大多无文字记录、少数民族语言障碍以及表征散乱而被轻视，加上受到一系列的现代性冲击，导致一方面包含水文化在内的民族传统文化的传承和保护现状堪忧，另一方面我们亟须极具生态智慧的少数民族水文化来缓解、化解当代人—水紧张关系。对西南少数民族水文化的静态保护，作为一种重要的基础研究，不仅是发展一切水务、水利事业的重要基础，而且是包含水文化在内的民族传统文化当代传承、传播的重要来源内容和方式。

对长期处于边缘地位的少数民族水文化及其研究，主要是改革开放后随着工业化、商业化以及城市化的发展导致生态危机凸显才逐渐受到关注的，但直到现在，学界对少数民族水文化的全面调查和深入研究仍远远不够。西南地区在整个中国水系中占有重要的源流地位，西南少数民族及其关系在中国民族格局中亦占有重要地位。西南少数民族水文化及其实践，历史深远、内涵丰厚，富含生态内蕴并发挥着重要的生态功能，在水环境恶化、水问题频发的今天，愈发显示出其重要的现代生态价值。围绕西南少数民族水文化的自然环境、水观念、水技术、水制度、水教育、水审美、水生态实践以及水文化传承与保护等一系列专题，进行全面而深入的"摸底式"调查搜集，充分挖掘西南少数民族水文化的总体内涵、特征与实践规律，不仅可以充实中华水文化研究的总库，而且可以将其与现代水利、水文技术相对接，共同应对当代社会所面临的水困境等各种水问题。

西南少数民族水文化是一个整体性自足系统，其中的水观念、水技术与水制度等各部分有机紧密结合，同时，它涉及自然、文化、社会以及物质的、精神的与制度的等各种复杂层面，少数民族水文化是一个跨学科的研究领域，因此，任何单一学科的研究视角都将是不全面、不深入的，当今一系列水问题的解决仅依靠科学技术也是行不通的。通过积极整合各相关学科的力量，跨学科、跨部门组建联合攻关学术团队，对西南少数民族水文化进行全面而深入的调研与描写，调查、搜集、整理、分类与归档，编著、出版各类少数民族水文化本体以及生态学研究成果，征集各种附载历史记忆而即将失传的水文化文物进入相关博物馆进行全面展览，不仅完成对西南少数民族水文化及其生态实践的分析，而且为西南少数民族水文化的传承、教育与保护奠定坚实的研究基础，这在信息大爆炸亟须加快知识生产的当今社会，具有重要的现实意义。

二、动态保护

与民族传统文化的静态保护相对，动态保护是一种运动的、活态的保护。西南少数民族水文化是一种具有极强生活气息的活态文化，其中诸如水观念、水技术、水制度、水教育等内容至今仍有机互动，与西南各少数民族的日常生产生活密不可分，并且发挥着综合生态构建与维护的重要功能。因此，对其实施全面的动态保护，不仅符合其客观性与真实性，也能满足西南各族人民族构建生态和谐社会的吁求。西南少数民族水文化的动态保护，首先要求在原生的水环境下，将水文化依然植入各少数民族日常生活场景中，特别是在所属地域的水事活动中进行顺势保护。在静态保护的基础上，全面调查、认真甄别西南少数民族水文化内部各组成部分存在、运转的真实状况，科学地进行分类对待和相应处理。深入挖掘和整理西南少数民族水文化的技术含量、生态内蕴，将传统水文化进行现代性价值重构与转换，积极吸收、改良、转用与传承其中具有生态、技巧的传统水观念、水技术与水制度，与现代水文、水利事业相对接，尽量保持那些依然发挥着重要生态功能的水文化实践的生命力。而那些已面临失传、失去生态功能的水史遗址、水俗遗产等，积极地与现代旅游、文创等产业相结合，在实现合理经济化目的的同时，就地实现水文化遗产的教育和宣传目的。

西南少数民族水文化自有一套神圣与世俗相结合的管理规约与制度，但随着现代社会的变迁，其传统水规、习惯法连同其民间各种相关自组织受到了前所未有的冲击，各类涉水原始宗教的神圣性正经受着不断的消解，村寨中寨老、祭司、民间宗教神职人员地位与权威不断下降，加上个体家庭在生产生活中的独立性凸显，因此，西南少数民族水文化及其实践遭遇了一系列的现代性冲击。当代西南少数民族水文化的保护，早已远远超出了西南及其各族内部管理、保护的能力，国家和地方必须结合各少数民族传统的管水制度，制定和颁布相关的保护政策和法律法规，不仅从法律上保护水环境、水源林以及水源地在内的少数民族水文化，更重要的是，充分保障各少数民族对所在地水资源的水权益，重新赋予各少数民族对其属地水资源及其水文化的主体地位与权力，从而真正调动其积极性与主动性，使国家、地方与少数民族各方共同参与到水文化的全面保护中来。

对西南少数民族水文化的动态保护，因其具有重要的地理位置、国家水资源安全以及边疆生态和谐社会构建的重要意义等，不论从国家战略还是从地方社会、经济的可持续发展来看，都是一项"功在当代，利在千秋"的生态大业。历史上，西南各少数民族对其水文化的投入，是全民的、全天候的人力、心力、物力与财力的投入，但随着当代外在社会环境的变迁，西南少数民族水文化保护的投入早已远远超出其自身能够承担的能力。再者，虽然一些天然水资源颇具水利条件而实现了商业化开发，但所在地少数民族并未由此获得合理的收益，并且从长远来看，水文、水利以及水文化保护事关国计民生，并不是一种纯粹的商业行为，所以，国家和各级地方政府必须加大对包含水文化保护在内的水利事业的投入。需要强调的是，长期以来国家、地方以及商业开发主体对水文化研究、保护的资金投入几乎是空白的，西南少数民族水文化保护作为西南地区水利事业的基础和核心，亟须加大投入力度。

三、整体保护

西南少数民族水文化保护必须融入少数民族传统文化的整体保护中，而且，水文化保护作为重要的部分，必须得到优先和足够的权重。西南少数民族水文化，植根于西南独特的自然地理环境中，同时，作为一种历史记忆、生态知识、人文内涵、社会制度以及传统的生活方式，融入了各少数民族日常生产生活中，成为民族传统文化系统的重要组成部分，因此，如果硬将水文化单独切分出来进行保护，就割断了水文化与民族文化以及社会生活整体间的血缘纽带，不符合民族传统文化的整体性特征，最终使保护事倍功半。同时，在西南少数民族水文化内部，水观念、水技术、水制度等之间也有机互动，三位一体地构成一个整体，从而发挥生态调控的综合功能，如硬性划出其中单独的一方面保护，只能是碎片化的保护，不符合水文化内部整体结构的统一性，也不利于少数民族水文化的整体性保护。

将水文化并入民族传统文化进行整体保护的视野，基于一种文化理性。从实践理性来看，西南少数民族水文化的整体保护，可以与文化空间、民族文化生态保护区、民族文化生态博物馆等一系列文化整体保护项目相结合。文化空间是一个文化人类学的概念，是由自然环境、文化本体以及社会生活等构成的物理的、文化的、社会的多维属性的场域。民族文化生态保护区以及文化生态博物馆都是一种在地化的文化整体性保护模式。西南地区的水资源具有一定范围的流域空间，在一定的水系流域范围内，各少数民族充分发挥聪明才智，共同应对和处理各种大大小小的水问题，从而创造和传承独特的西南少数民族水文化整体。由于传统水文化具备重要的生态调控作用，因此，为统一协调文化保护并集中保护力量，将西南少数民族水文化并入文化空间、民族文化生态保护区、民族文化生态博物馆进行整体性保护时，必须对少数民族水文化的保护给予足够的重视。

从西南少数民族水文化主体内部来看，西南少数民族水文化既有整体性也有局部性。在西南这块共同的地域范围内，各少数民族历史地共享西南水资源，在共同应对西南地区的水环境基础上，共同创造、积累和传承了西南少数民族水文化整体，因此，西南各少数民族必须消除族际隔阂，共同承担整体保护西南少数民族传统水文化体系的责任。同时，从内外主体结合的视野来看，西南少数民族水文化的保护是一项政策性极强的系统工程，相关各级行政主体、商业主体与水文化主体等各方必须形成合力进行整体保护。各级行政主体是宏观政策和法规的制定者和执行者，拥有自上而下的行政权威；商业主体则是对水资源进行商业开发的投资者，拥有足够的商业资本；水文化主体则是所在地各少数民族，他们历史上将多方角色集于一身，身兼数职。在保证传统水文化主体为核心的前提下，行政主体、商业主体与文化主体必须统一协调，通力合作，充分保证少数民族的水权益，整体保护西南少数民族的水文化。

第三节　西南少数民族水文化的教育

水文化教育是西南少数民族水文化的重要内涵之一，它融入了少数民族日常生产生活尤其是水事活动中，通过现场言传身教的参与式实践教育，与传承和保护一道，共同完成水文化在代际间的有序、有效传递。随着现代教育的进一步发展，少数民族水文化过去全民参与的现场传习模式受到很大限制，这种主要由家庭和社会承担的传统水文化教育，逐渐让渡给制度化的现代学校教育，但当前水文化学科建设尚不完善，应有的水文化教育在各级学校教育中严重缺失，结果一方面水文化教育在家庭和社会教育中失落，另一方面学校教育未能顺利衔接前两者的让渡教育，最后造成两头都落空的尴尬现状，因此亟须全面加强西南少数民族水文化教育。

一、家庭教育

作为教育三大支柱之一的家庭教育，是学校教育和社会教育的起点和基础。西南少数民族水事活动，往往主要以个体家庭（氏族）为单位，一家几代人共同参与。在这种全民参与式的水文化实践中，最后能自然实现水文化的良性传习、教育与保护。少数民族水文化作为民族传统文化系统中的一种源生文化，千百年来代际间有着相对稳固的深层心理传承。西南少数民族水文化的家庭教育中，那些具有重要的水历史、水知识、水技术以及监督水制度实施的祭司、水匠、水倌等，往往子承父业，世代世袭。作为家庭成员之间的互相学习与互相影响，代际的教育往往带有浓浓的亲情，这种情感式教育的效果和质量往往很高。家庭教育以德为本，它往往强调上一辈对下一辈品质的培养，在尊老崇老的传统社会，这样的品质教育从一个人出生一直贯穿到年老。彝族家庭每个人从孩提时候起，（祖）父母就会教导孩子严禁跨过火塘、踢踏锅庄石、往火塘里吐口水等，同样，也会教导孩子们严禁往龙潭吐口水、屙屎撒尿，严禁在龙潭泉源处洗手等，以免亵渎火神、水神神威，如果不听教导，一旦违犯，不仅可能遭到现场责骂，还要择日举行相关仪式，请求火神、水神原谅。西南少数民族水文化的家庭教育，主要强调其中崇水、敬水、节水、利水的传统水观念及其生态实践。

经过一系列的现代性冲击，西南少数民族水文化独特的家庭教育进程及其模式遭到了破坏，村落中涉水神职人员、年长者以及民间自组织的权威逐渐衰落，传统的家庭教育责任随即迁移、转移到了制度化的现代学校教育。但遗憾的是，长期以来各级学校教育对水文化的教育几为空白，于是从弱化、退化的家庭教育到空白的学校教育，少数民族水文化的教育在家庭和学校就是一种事实上的缺失。结果造成西南少数民族水文化要么因无知而熟视无睹，要么因无视而遭鄙视终被彻底抛弃，同时相应地，每个少数民族成员在传统村落集体水事活动中社会化，也就成了一个难以实现的凤愿。因此，在社会教育、学校教育的配合下，有必要重新激活家庭教育的传统功能。

那么，如何重建西南少数民族水文化家庭教育的功能呢？结合有关水文、水务宣传活动，与现代学校教育紧密配合。社会教育首先需要对单个家庭实施传统水文化教育，只有培训出了解和掌握相关敬水、惜水、利水等传统水文化观念、知识的家长，才能动员、鼓励家长承担起对下一代进行积极有效的水文化家庭教育的责任。真正的家庭教育很难以生硬的说教来实现，它应该是一种生活化的现场传习。在当代水权、水务工作外推式专门化管理实施的背景下，应该动员和鼓励家庭参与所属地域范围内相关水文、水事、水利工作，村落及村落内少数民族是水文化的主体，也是当地水务、水事监测与监管的主体，在全民参与大大小小水事活动的过程中，村落必以家庭为内部单位进行分工合作，而这势必激活与重建西南少数民族水文化的家庭教育和社会教育。

二、社会教育

西南少数民族水文化的社会教育过程及结果，也是作为单独个体的各少数民族成员顺利实现社会化的过程及结果。水作为不可替代的重要生活资源，贯穿于西南少数民族的社会生产和生活中，也贯穿于作为社会成员的每一个个体从出生到死亡的整个一生。西南少数民族水文化的社会教育，最大的特点在于群体性和全民性。首先，它是一种村落水事活动的现场参与式全民教育，其教育质量与效果奇佳。其次，它商议、订立各种严苛的水规制度与水倌的尽职监管，也有各种固定的水祭、水禁忌等神圣威慑，因此它不仅是一种正面的说教和培养，也是一种反面的禁忌与惩戒，由此在每一个民族成员内心形成一种强大的心理威慑和群体监督。云南峨山塔甸大寨村背后的密林是彝族传统咪嘎哈神林，也是全村的水源林和风水林，这片三林叠加、郁郁葱葱的密林的盛衰关系到全村用水以及风水运势，至今受到当地彝族严格的保护，严禁砍伐。20世纪20年代，村里有户人家在靠近密林背后的空地开荒，马上被举报到村里的自治组织——鲁李施普方"五姓公会"。"五姓公会"代表立即查看现场，让其停止毁林开荒。后来经商议，责罚其修通了村里到后山之间的山路，而且要求全程用青石板镶铺。近100年来，村里这条青石板路依然挺立，这个事例至今被当地人代代相传，讲了近100年。从此再也无人敢在密林周边毁林开荒了。在尊重和恢复西南少数民族水权益的前提下，鼓励和动员村落全民参与属地水事、水务管理，以此加强水文化的社会教育，促进西南少数民族水文化的传承和保护。

涉水行业和部门是水务、水利等水事工作的行政主导，必须积极组建相关学科联合研究团队，对西南少数民族水文化进行全面的专业研究，将其中那些极富生态内蕴、仍发挥生态功能的水文化内涵，在当代全媒体时代背景下，采取各种灵活有效的形式开展社会教育。具体可以丛书、光碟、网络等各种媒介，以及广播、影视、会议、家庭、学校、公益组织、田间地头等各类空间，大力开展西南少数民族水文化的社会教育。由此，对于各少数民族内部而言，通过提升其传统水文化的地位，培养他们的文化自信，从而唤醒其文化自觉。就少数民族外部而言，这是对中华水文化的一种重要补充，促使全社会了解和认识中华水文化的历史、内涵、特点以及生态价值与功能，从而早日养成爱水、惜水、节水、利水型的生态和谐社会。

西南地区作为中国少数民族文化的聚集地，是中国少数民族文化的重要基因库，西南少数民族水文化的社会教育，以西南少数民族村落社会民间自组织为主体，充分依托民族文化生态保护区、民族文化生态博物馆、民族文化传习馆等开展社会教育。民族文化生态保护区、生态博物馆、民族文化传习馆等都是在地化活态保护民族传统文化的有效模式，各少数民族水文化作为民族传统文化系统的重要组成部分，自然融入民族文化系统的整体保护中。通过西南少数民族民间自组织、政界（国家和地方各级政府）、学界（涉水相关学科）、商界（文化旅游、水电开发）等各方各司其职、各负其责、配合协作，自内向外、从外而内，在全社会开展和实施西南少数民族水文化的教育和宣传。

三、学校教育

历史上，少数民族传统文化主要依靠其内部的家庭和社会教育，这种家庭教育和社会教育，更多的是一种基于生活场景的面对面的言传身教，学校教育对他们而言则是一种全新的现代制度化主流教育。"人们对水的历史和水文化的功能，缺乏全面的了解和深刻的认识，造成了人们惜水、节水、护水的意识淡薄，科学治水、合理用水、依法管水的社会规范丧失，从而使水资源利用丧失了重要的文化基础。"① 西南少数民族水文化的学校教育，是家庭教育和社会教育之间的重要桥梁教育，尤其在传统家庭教育陨落、社会教育多元化的今天，学校更多地承担起了主要的教育责任。今天，学校教育再不能独居象牙塔进行闭门传习与教育了，特别是对于西南少数民族水文化这样极富生活气息的民族传统文化教育，它应该是一种与家庭教育和社会教育紧密配合的开放式全景教育。学校教育应该是社会教育的倡导者和推动者，其受教育的对象不仅包括各民族子弟，也包括他们的家长，包括非水文化学科专业背景出身的教师群体，甚至包括水文、水利职能部门的相关工作人员。现代学校教育是一种受国家法律保障并受大力支持的常设性正规教育，是传递文明和传播知识的核心阵地，将西南少数民族水文化纳入学校教育，无疑使其获得了一种传承、保护的稳定性与保障性。

西南少数民族水文化是一种地方性本土生态知识。本土生态知识是一种基于地域的或民族的知识观与知识体系，具有一种当下的

---

① 郑大俊、刘兴平、孔祥冬：《水文化：现代水利高等教育的重要内容》，《河海大学学报》（哲学社会科学版），2010（1）。

意义。在知识的传习、民族文化的发展中，千百年来地方性知识往往要么处于被我们忽视、抛弃的弱势地位，要么被置于现代化的对立面。[①] 随着当代文化观的转变，极富生命力的少数民族本土生态知识日益被搜集、记录、编写和整理，成为一种鲜活的知识体系，正逐步尝试进入正统教育的各级殿堂。在这样的背景下，将生活化的水文化教育纳入制度化的学校教育，搜集和整理西南少数民族传统水文化，专业化地编写各种系统化的水文化教材，给予少数民族水文化教育应有的分量及地位是应有之意。但是，"在我国现行体制中，虽然有本土教材生存的空间，但中小学和教育主管部门的指导思想是引导学生参与应试，即使是普及阶段的教育，也没有将乡土教材的学习纳入可操作的框架内，以至于乡土教材无法真正进入中小学课堂，仅是作为一种附属品而存在"[②]。所以，如何改变目前乡土教材与主流普通教材格格不入的现状，需要我们对几近消失的本土生态知识进行一番全面的价值重估和文化再认定，这不仅是学术界的使命，更是行政主管部门的责任。

　　西南少数民族水文化的学校教育，具体来说，可以分为素质类通识教育与专业类专门教育。素质类通识教育往往是社会教育的延伸，而专业教育则旨在培养水文化专业高级专门人才。水文化专业人才的培养，必须依靠水文化学科的建设，以及相关各级水文化研究机构的成立。正如我们的研究所呈现的，少数民族水文化研究不仅涉及水利、水电等自然科学，而且涉及民族学、人类学、社会学、

---

① 黄龙光：《民族文化传习馆：区域性大学非物质文化遗产传承新模式》，《文化遗产》，2012（1）。

② 杨庭硕、田红：《本土生态知识引论》，北京：民族出版社，2010：168。

历史学、宗教学、民俗学、遗产学、经济学等相关人文社会科学。事实已经证明，当代水环境保护、水患治理、水利开发等一系列水问题，过去那种唯科技论视野下的仅仅凭科学技术是无法圆满解决的。水问题是一个综合性的复杂问题，必须依靠水文化学科复合型专门人才的培养，这就需要进一步加快、加强对水文化学科的全面建设。

小　结

民族文化的传习在一个自给自足、相对封闭的传统历史时代是不成问题的，因为它不受任何外来因素的干扰，民族文化就在不知不觉中自然地得到生活化传习。但是民族文化在撞击、交流、吸纳过程中，在民族、民间文化的消亡与濒危现象严重之际，传习就显得十分必要。[①]西南少数民族水文化，历史上曾自为、自然地在内部传承着，但这种自然而缓慢的传承方式及其进程，受到历史上的征战与灾害，以及当代强力推进的工业化、城市化与商业化等的影响，因此，极具生态内蕴和价值的西南少数民族水文化，亟须内部和外部联合起来，加强传承、保护与教育，对内纠正文化主体熟视无睹的文化漠视，对外扭转大众主流一贯的文化偏见，让全社会重新认知和评估少数民族水文化的生态价值，充实中华传统水文化基因库，增强民族自信心和自豪感。

传统水文化教育是水文化传承与保护的前提和基础。西南少数

---

① 向云驹：《人类口头和非物质文化遗产》，银川：宁夏人民教育出版社，2004：111~112。

民族水文化教育，对内来说，是对各少数民族成员唤醒和恢复其水观念、水制度、水精神、水生态等传统文化内涵；对外来说，是对全社会进行少数民族水观念、水知识、水技巧、水生态内蕴等的宣传和普及，从而扭转当代破坏、耗费水资源等逆生态、反生态的水观念及行为，重建敬水、爱水、惜水、节水、利水等的水观念及其生态实践，以期早日形成节水、利水型生态和谐社会。从这个意义上讲，水文化教育不论在任何时代都显得极其重要。

结　语

一、少数民族水文化的生态价值

随着水自然地融入少数民族生产生活的方方面面，少数民族水文化具有一种复合生态价值，即具有集自然生态、文化生态和社会生态三态合一的多重生态价值。少数民族水文化是中华水文化的重要组成部分，由于历史上的种种原因，少数民族的经济、社会长期在一个相对封闭的环境下缓慢发展，这反而使少数民族水文化保存得相对完整，有的依然在发挥着生态维护的重要功能。少数民族水文化是其祖祖辈辈千百年来不断适应自然的特殊文化产物，也是其通过一系列集体水事活动，从而实现自我治理的一套社会—文化机制。自然生态价值体现在少数民族水文化协调、处理人与自然的共生关系上，主要在于建构与践行协调人—水和谐关系为核心的自然观体系，表现在不断调整族群自身与自然和谐相处之道及其行为，尤其表现在诸如预防和应对旱涝等各种涉水自然灾害以及灾后减灾、救灾的相关认知与行为。在少数民族洪水等水灾害神话生态隐喻中，他们不自觉地将自然的水进行超自然的处理，并经神化后，上升到将其与自身社会道德训诫及其重建联系起来演述水生态伦理的神圣叙事。"通过对人—水关系进行一种神圣叙事，水神话不仅是一个指向人与自然平等的自然生态隐喻，更是一个旨在进行道德训诫的社会生态隐喻。它所表达的终极诉求，是人与自然、人与人、人与社会实现共生和谐的生态诉求。"① 因此，少数民族水文化旨在传递和实践人与自然共生共荣的和谐生态观。

少数民族水文化的文化生态价值，体现在少数民族水文化不是一个孤立存在的文化片段，它不仅是作为少数民族文化传统根基的源生文化，而且是少数民族文化系统中最具生态价值的核心内容。少数民族在日常生活中教育和传习民族传统文化，必然裹挟和携带着水文化的教育和传习，而刻意进行少数民族水文化的教育和传习，必定带动与连动少数民族传统文化的整体教育和传习，这中间暗含一个部分与整体、整体与部分之间的结构性联动机制。因此，少数民族水文化的教育和传承具有重要的意义，也因为其天生具有一种内源式生命力，使它在数千年面临急剧社会变迁的背景下，依然能够维系着民族文化生态系统的平衡。一旦哪一天少数民族水文化的传承出现断裂，那就意味着民族文化传承出现断裂，意味着民族文化生态遭到破坏，其后果不堪设想。少数民族水文化的社会生态价值，主要体现在基于社会视域下水文化超越水自身维系社会结构与社会组织体连续有序的运行上，它是水文化主体"因水而系""因水而治"实现社会生态建构与维系的价值。少数民族水文化作为适应、协调人与自然关系的一套观念及其实践的产物，一经产生就使水立即超越了自然属性而具备社会属性，这一方面主要体现在一系列水事活动的集体性和公共性上，另一方面体现在少数民族水规、水法的强制性和规约性上，无论哪一方面，对每一个少数民族成员来说，

---

① 黄龙光：《彝族水神话创世与灭世母题生态叙事》，《广西师范大学学报》（哲学社会科学版），2015（6）。

都意味着神圣的责任和法定的义务。因此，少数民族水文化像一种隐形的黏合剂，使人与自然、人与人、人与社会紧密凝聚在一起，通过社会道德，有效建构和维系着少数民族社会生态共同体的良性运行与健康发展。这对于思考当代社会因遭遇一系列现代性冲击，尤其是因水权改变带来的水管理模式变迁，使部分少数民族村寨正在面临民间自组织涣散、村寨原子化倾向的社会生态危机，无疑具有一种复归式借鉴意义。

少数民族水文化的复合生态价值，是一种超越地方、超越族群的具有普遍意义的生态价值。少数民族水文化是其千百年来创制、传承的极富生态内蕴的文化成果，具有一定的地域性和民族属性，在共同水域范围内，对少数民族社会发挥着内向的人—水关系协调维系的生态功能。少数民族水文化的地域边界和族群边界，更多地指向其在一定地域和族群（际）水事活动中的身份意义，以及基于族性文化模式理念上的族群文化认同。少数民族水文化"天人合一""人自水出"的圆融自然观，敬水、育水、惜水、护水的水生态观，以及因地制宜、适度取用的可持续发展观及其相关水事生态实践，在民族文化交流空前加剧、崇尚文化多元的今天，将它们置于一种更广意义的文化价值评估上，其价值和有效性早已超越了其固有的封闭性和内向性，随着这种小传统的价值不断得到提升并与大传统长时段的互动与交融，最后自然流入大传统体系之中，其生态福祉理应为其他地区、其他族群所共享。因水的公共性及其对人类社会所具有的重要性，水文化最终具备了一种超地域、超族群的共享性与普遍性特质。因此，对于少数民族自身而言，要思考如何在面对外来现代性强势冲击时，一如既往地纵向传承水文化，并将其创造性转化，以解决民族地区的水困境和相关社会问题。对于面临相似水困境和社会问题的其他地区和民族来说，要思考如何横向借鉴、吸纳少数民族水文化的生态理念及其实践模式，并将其价值最大化。人类社会自诞生以来无时无刻不与水发生着关系，基于人类中心主义的无限制发展模式，导致全世界范围内人—水关系在一定程度上出现失和现象。今天，我们比以往任何时代都面临着更多的水困境和水危机，思考和应对当代水困境和水危机，不仅需要"向前看"，创制更加先进科学的工程性水技术，同时也需要"向后看"，批判性地传承传统水文化的生态理念、技术与生态制度。

二、少数民族水文化的重构转化

少数民族水文化融于其生产生活的日常点滴中，要对其进行全面认识和评估，我们首先需要对其进行全面的搜集与系统的整理。作为一种独特的本土生态知识，长时期以来，包括水文化在内的少数民族传统文化，不仅因为蒙上了一层（原始）宗教的面纱而不为人所知，而且更多的时候因迥然有别的少数民族语言、文字阻隔，加上长期以来基于华—夷文化观之上不平等文化价值标准带来的文化偏见，使少数民族水文化始终处于一种藏之深山的封闭状态。记录和传承少数民族水文化的载体多元立体，它刻写在民族典籍上，言说在民间口语中，更嵌入骨髓般随着其日常生活中的身体实践而就地展开。它扎根于土壤、空气，富含生活气息，所以少数民族水文化生活化的特点，使其更多地不以一种经典化的理论说教而存在，而自始至终以一种行之有效的行动文化而跃动。少数民族水文化这种庞杂、散乱的特点，常常使人感觉其真实存在，但却总是难以捉摸。这种弥散性特点也常常使人对少数民族水文化留下缺乏条理、不成体系的错误幻象。事实上，少数民族水文化自古以其内在的文化逻辑环环相扣、步步相连，使少数民族能够适应所居独特的自然环境，应对历史上各种涉水的自然灾害，对其文化传统与社会生态发挥着重要的调节、维系功能。因此，要真正拨开笼罩在少数民族水文化头上的迷雾，深入认识少数民族水文化的真实面貌，必须跨越少数民族语言和文字的障碍，全面搜集梳理包括少数民族典籍在内的各类文献，记录分析有关少数民族水文化的口头传统，参与观察和纪实描写水文化主体及其一系列水事活动，这样两方面结合起来，才能采撷散落在日常生活各个角落的少数民族水文化珍珠，使其条理化、系统化后，才能将其串成一条精美的文化项链。

对于具有重要复合生态价值的少数民族水文化，重在激活其传承的生命力，结合现代语境进行创造性重构与转化，以使其生态价值最大化。完成了对少数民族水文化全面搜集、整理的基础性工作，摸清少数民族水文化的家底后，接下来就要思考如何将其进行现代性转化的问题了。这是基于少数民族社会已不再是原来那种孤立封闭社会的客观前提，不论其愿意与否、主动被动，今天少数民族社会都已被不同程度地卷入到全球化浪潮中，少数民族村寨早已成为半开放、开放的传统与现代融合的文化空间，虽然有的少数民族水文化依然在自我传承并一直发挥着生态效用，但是随着现代工业化、城镇化与商业化的进一步推进，尤其是现代水权以及管水制度的改变，少数民族水文化面临一系列急剧变迁却早已是一个不争的事实。不论出于少数民族社会内部自我传统复归的诉求，还是其他社会外部生态共享的需要，富含复合生态价值的少数民族水文化需要进行重构，以实现其现代性转化。少数民族水文化的重构与转化至少包含生态性、活态性与可行性三个标准，对于那些依然在发挥着原生功能的水文化要保持原貌，对于已停止运行的水文化遗产，可结合旅游、文创等新兴产业就地转化，而对于那些早已被社会生产生活方式所淘汰的相关水民俗等，则需搜集进入博物馆，作为历史文物以供展示。对于依然发挥着实际生态效能的少数民族水文化及其制度，即使依然蒙着神秘的原始宗教面纱，但作为一种历史的产物和客观存在，我们不仅要继续激发其内在的传承活力，而且要将其与各种现代水利技术相对接，在保持其原生功能的前提下，开创一系列新的衍生功能，以持续不断地为民族地区经济、社会的发展插上生态发展的翅膀。

少数民族水文化的重构及其现代性转化，取决于对少数民族水文化的价值重估。虽然少数民族水文化的重构及其现代性转化，是在其现代性遭遇背景下多少处于被动而触发的，重构与转化的标准也与普世性生态价值紧密相关，但是在少数民族水文化的价值重估中，少数民族的主体地位不容让渡，无论现代性语境如何冲击，都无法改变他们作为水文化创制及传承主人的历史，同时，无论如何重构与转化，其结果都将对少数民族社群而不是其他任何外在社群产生直接的影响。因此，少数民族水文化的阐释权、选择权、处置权、收益权以及所有权，均掌握在他们自己的手里。少数民族水文化的重构及其现代性转化，必须使少数民族千百年来一样从中获益。但是囿于历史上长时段相对不发达的经历，今天少数民族比以往任何时候、任何族群都想早日步入现代化的行列，因此，在民族文化价值评估及重估上往往容易犯一种短视、现世的功利主义错误，在去语境化的横向比较下，功利性甚至可能使他们为了眼前唾手可得的短期利益而轻易放弃祖辈坚守了数千年的文化传统。这就需要提醒少数民族社群，应以一种历史的眼光，结合现代性语境与普世性生态标准，即人与自然和谐共生的终极诉求，既能回溯久远的历史记忆，又能面向未来考虑，在对其水文化进行全面而审慎的价值重估后，再进行文化选择和文化自决。这样才能在最大限度内，既不违背祖先的遗愿，也不损害子孙后代的利益。以水文化为核心，通过水文化的价值重估，带动民族文化的价值重估，激发少数民族成员潜在的文化自觉意识，从而使少数民族群体内源式自发保护和传承包括水文化在内的整个民族文化传统。

三、少数民族水文化研究的展望

少数民族水文化首先是一个地（流）域文化，需要以水生态共同体的整体视野进行综合研究。少数民族水文化研究是一个新兴的跨学科研究领域，全面观察和研究少数民族水文化需要哲学、历史学、地理学、生态学、经济学、人类学、社会学、民族学与民俗学等相关学科理论和方法的综合应用。少数民族水文化是少数民族长期人—地（水）关系互动后历史地生成的物质与精神凝结，因此，少数民族与其具体水体、流域之间自然形成一个生态共同体，而水文化生成的目的就是用来协调和调整人—水之间生态关系的。目前的少数民族水文化研究，往往缺乏对其水生态共同体整体性的应有观照，容易一方面将原本内在结构紧密的整体性水文化切割为一些零散的碎片进行孤立观察和分析，这样的研究路径不仅是一种去语境化的理想化真空分析，而且最后往往导致以偏概全、似是而非的研究结论。另一方面，事实上，很多水（流）域往往不是某一单一族群独有而是多族群共享的，因此同一水生态共同体内的水文化既有差异性又有普遍性。因此，如果是研究单一民族水文化，就要总结其独特性及形成独特性的深层原因，如果研究整体族际水文化，则要梳理整体相似性及形成相似性的具体缘由，但是很遗憾，目前这两个方面我们远远都没有做好。前者可能与特定族群的宗教、迁徙、战争等具体的历史情境有关，后者可能与围绕水展开的族群之间长期的互动有关，但归根结底，问题的症结在于都没能从人—水生态关系出发，最后再回到水生态共同体的整体性思考上来。无论哪一方面的研究，都需要持续不断的跟踪调查和深度解析。

少数民族水文化是一个随水而流的社会、文化集合体，少数民族水文化研究可采取多点民族志式田野调查，书写流动的整体生态民族志。人类学田野调查的展开，首先要求有一个明确的田野点，少数民族水文化田野调查首先要围绕一个相对明确的水（流）域范围，包括土地、空气、林业植被以及水体在内的水生态系统。在这个水生态系统内，"因水而系"的世居族群与水互动，形成自然—社会生态共同体，研究者要参与观察和研究的就是世居族群以一系列水事活动为中心展开的多种水文化叙事。在这个过程中，涉及多地点、多族群、多事件、多线头等"多点"观察，但是对这些纷繁复杂、虚虚实实的"多点"复调式水文化叙事给予持续追踪和全面关注，目的在于完整地呈现世居族群在适应、应对水的一系列关系中的主体能动性，以及这种能动性的生态价值、生态效能的系统挖掘。因此，多点民族志式田野调查，离不开少数民族水文化持有人这个主体，离不开少数民族日常生活化水事活动这个主线，离不开少数民族人—水生态关系协调、处理的独特方式和内涵这个主要论点。在此基础上书写的民族志，理应是一个富有生机的、动态的整体生态民族志。书写如此有呼吸、有深度的少数民族水文化研究整体生态民族志，毫无疑问，是一个颇具挑战性的难题。首先要深谙少数民族语言文字，其次要站在一个少数民族水文化持有人的主位视角，而且要求投入比一点民族志式调查更多的研究成本。严格的民族语言、文字训练，平等的文化对话，多学科联合协作等都是解决这一难题的思路。

少数民族水文化的教育、哲学与美学等本体，水文化遗址考古、遗产旅游以及水文化转化等是未来研究的方向。纵观目前的少数民族水文化研究，水文化教育、水哲学以及美学等本体研究仍然显得比较薄弱。少数民族水文化教育是一种特殊而有效的传统教育，主要通过家庭教育和社会教育而实现。这两种教育方式都是基于水事活动现场的面对面、手把手参与式传习，水事活动的现场感与个体参与的价值感，都能有效提高这种独特的体验式参与传习的效果。但是随着少数民族社会的现代变迁，传统的家庭教育和社会教育的影响力逐渐降低，因此，研究如何将其与现代学校教育相对接、重建人—水和谐关系，成为新的研究方向。以水喻物、以水言事、以水论道是中国水文化的一大特点，也是中国意象哲学①的一种言说方式。少数民族水文化体系当中，也存在大量关于哲学和美学的独特思考和形象表达。关于阴阳、主客、名实、辩证等哲学关系，在少

---

① 李煌明：《中庸之道与意象哲学：中国哲学的重构与诠释》，《云南师范大学学报》（哲学社会科学版），2017（4）。

数民族浩如烟海的水生神话、史诗、古歌中比比皆是，同时将水上升为一种道德标准进行言说和传播，这方面亟须哲学学科的关注和研究。以上这些基础性本体研究当然不能再回到过去那种切片式的研究范式，而应该是在自然社会语境下关注主体和事件为中心的一种整体研究。包括水文化教育与传承在内的水文化遗产的重构与转化研究，以及水文化遗产如何就地转化服务当地旅游、文创等产业发展，是一种带有应用性的综合研究，这是目前少数民族水文化研究中最薄弱的环节。目前少数民族水文化研究的成果大多集中在其价值与功能的总结和阐释上，思考如何将少数民族水文化系统化为本土生态知识体系，如何在现代语境下与一系列现代水利技术、制度相对接，是一个学术弱点，也是一个研究难点。因此，如何从少数民族水文化的基础理论研究转向综合应用研究，是未来少数民族水文化研究亟须突破的方向。

后　记

　　彝族是一个火的民族，也是一个水的民族。彝族历史上"逐水草而居"的生计方式，"缘水而生"的创世哲学，"人祖自水来，我祖水中生"的人类、祖先起源神话，分塘用水、梯田灌溉等独具匠心的水技术以及各种神秘的水信仰及祭水仪式。天哪，我们的祖先竟慷慨地留下如此古老而丰富的水文化遗产。

　　我想，我肯定天生遗传了祖先水与火洗礼的基因，水文化研究是冥冥中祖先交派给我的一个学术使命。否则，搁置自己学术成年礼的艺术民俗研究而一头扎进水文化的深渊而痴迷不返，这样转换研究方向对于一个人有限的学术生涯来说，意味着一个极大的冒险。

　　这一切，始于 17 年前读研究生时发表在《云南彝学研究》（第二辑）的小文《彝族水文化简论》，从此，小小的思想火花一直在内心燃烧，近年发表了《彝族水文化及其内涵》《彝族水神话创世与灭世母题生态叙事》等成果，也算是对彝族水文化考察的一个小结。水生万物、水化历史、水治社会，水文化所有神圣与世俗的内涵与形式，对我而言都那么令人着迷！2009 年第一次申报教育部人文社科基金被立项、2011 年第一次申报国家社科基金被立项，从彝族水文化到云南水文化，从云南水文化再到西南水文化，从民族边界到地域边界的跨越，从水民俗片段到整体性突破，我对水文化的整体性思考一步步深入。直至今年第二个国家社科基金项目"中国西南少数民族灾害神话研究"被立项，这是一个与前期水文化生态相关的方向，更是一个与仪式艺术相关的选题。智者乐水，仁者乐山，我将义无反顾地沿着（水）生态、灾害研究一直走下去。

2010 年以来的三年对我来说是一个多事多变的艰难时期，新婚、父病故、孩出世、出国访学、工作调动、赔付"赎身钱"等，应接不暇，身心俱疲。好在天神在上，祖先护佑，家人关心，贵人相助，亲友帮扶，终渡难关。

天道酬勤，今天《上善若水：中国西南少数民族水文化生态人类学研究》书稿即将付梓，回顾这几年来的学习、工作和生活，感谢一路上对我不吝赐教的老师，关心提携我的领导，感谢家人有增无减的理解、关心与支持，感谢同道友人不断的启发和激发。本书能得以顺利出版，感谢云南师范大学将其列入"'云南省一流学科建设经费资助'学术专著"系列，感谢云南师范大学学报编辑部罗骥教授、哲学与政法学院毕天云教授的关心和支持，感谢玉溪环境监测站普发贵工程师绘制相关图表，感谢凯里学院刘兴禄教授提供部分照片，感谢楚雄师范学院王翼祥副教授帮助查询相关资料。感谢商务印书馆太原分馆李智初总编辑独到的眼光，感谢责任编辑史慧敏细心的编校。

水润万物，上善若水。学海漫漫，吾将上下而求索。

黄龙光

2017 年夏于地台寺

参考文献

一、专著：

〔德〕埃利希·诺伊曼：《大母神——原型分析》，李以洪译，北京：东方出版社，1998。

〔美〕卡尔·A. 魏特夫：《东方专制主义：对于极权力量的比较研究》，徐式谷等译，北京：中国社会科学出版社，1998。

〔美〕克利福德·格尔茨：《尼加拉：十九世纪巴厘剧场国家》，赵丙祥译，上海：上海人民出版社，1999。

〔英〕E.E.埃文斯－普理查德：《原始宗教理论》，孙尚扬译，北京：商务印书馆，2001。

艾菊红：《水之意蕴——傣族水文化研究》，北京：中国社会科学出版社，2010。

白门普、白木者等演唱：《都玛简收》，卢保和、龙元昌翻译整理，昆明：云南民族出版社，2004。

白玉宝：《红河水系田野考察实录》，昆明：云南民族出版社，1999。

曹贵雄、龙倮贵：《哈尼族传统宗教文化研究》，北京：民族出版社，2014。

陈鼓应：《老子今注今译》，北京：商务印书馆，2015。

崔明昆：《民族生态学理论方法与个案研究》，北京：知识产权出版社，2014。

刀国栋：《傣族历史文化漫谈》，昆明：云南人民出版社，1992。

方国瑜：《彝族史稿》，成都：四川民族出版社，1984。

方国瑜：《中国西南历史地理考释》（上卷），北京：中华书局，1987。

郭家骥：《西双版纳傣族的稻作文化研究》，昆明：云南大学出版社，1998。

郭思九、陶学良：《查姆》，昆明：云南人民出版社，2009。

贵州省民委民族语文办公室：《估哲数》，贵阳：贵州民族出版社，2000。

和士成释经：《纳西东巴古籍译注全集》（校对稿），李静生译，王世英校，东巴文化研究所编印。

黄珺主编：《云南乡规民约大观》，昆明：云南美术出版社，2010。

黄龙光：《民俗学引论》，昆明：云南人民出版社，2015。

黄龙光：《民间仪式、艺术展演与民俗传承——彝族花鼓舞田野民俗志研究》，北京：中国社会科学出版社，2015。

靳怀堾：《中华文化与水》，武汉：长江出版社，2005。

金少萍：《西双版纳城子村傣族村寨文化变迁的民族志研究》，北京：知识产权出版社，2014。

李八一昆、白祖文等：《尼苏夺节》，昆明：云南民族出版社，1985。

李子贤：《多元文化与民族文学——中国西南少数民族文学的比较研究》，昆明：云南教育出版社，2001。

廖伯琴：《朦胧的理性之光——西南少数民族科学技术研究》，昆明：云南教育出版社，1992。

刘明光：《中国自然地理图集》，北京：中国地图出版社，1984。

罗希吾戈：《彝族创世史：阿赫希尼摩》，普学旺译注，昆明：云南民族出版社，1990。

龙倮贵：《红河彝族传统节日文化研究》，北京：中国社会科学出版社，2016。

吕大吉、何耀华主编：《中国各民族原始宗教资料集成：土家族卷·瑶族卷·壮族卷·黎族卷》，北京：中国社会科学出版社，1998。

吕大吉、何耀华主编：《中国各民族原始宗教资料集成：傣族卷·哈尼族卷·景颇族卷》，北京：中国社会科学出版社，1998。

吕大吉、何耀华主编：《中国各民族原始宗教资料集成：彝族卷·白族卷·基诺族卷》，北京：中国社会科学出版社，1998。

毛佑全、傅光宇等编：《哈尼山乡风情录》，成都：四川民族出版社，1993。

黔东南苗族侗族自治州文学艺术研究室：《民间文学资料集》（第一集）（内部资料），1981。

秦佳华、李子贤、杨知勇编：《西南少数民族生产习俗志》，昆明：云南民族出版社，1990。

宋兆麟：《中国生育信仰》，上海：上海文艺出版社，1999。

覃乃昌：《壮族稻作农业史》，南宁：广西民族出版社，1997。

童恩正：《中国西南民族考古论文集》，北京：文物出版社，1990。

王铭铭：《西方人类学名著提要》，南昌：江西人民出版社，2006。

王清华：《梯田文化论——哈尼族生态农业》，昆明：云南人民出版社，2010。

王天玺、李国文：《先民的智慧——彝族古代哲学》，昆明：云南教育出版社，2000。

吴金鼎、曾昭燏、王介忱：《云南苍洱境考古报告》（甲编），重庆李庄，1942。

西双版纳傣族自治州民族事务委员会：《哈尼族古歌》，昆明：云南民族出版社，1992。

向云驹：《人类口头和非物质文化遗产》，银川：宁夏人民教育出版社，2004。

肖琼、李克建、杨昳：《中国西南少数民族文化要略》，成都：四川人民出版社，2011。

熊晶、郑晓云编：《水文化与水环境保护研究文集》，北京：中国书籍出版社，2008。

徐新建：《西南研究论》，昆明：云南教育出版社，1992。

徐亚非、温宁军、杨先明：《民族宗教经济透视》，昆明：云南人民出版社，1991。

许再富：《西双版纳傣族热带雨林生态文化》，昆明：云南科技出版社，2011。

杨庭硕、田红：《本土生态知识引论》，北京：民族出版社，2010。

尹绍亭：《人与森林》，昆明：云南教育出版社，2000。

云南省民间文学楚雄调查队：《梅葛》，昆明：云南人民出版社，2009。

云南省少数民族古籍整理出版规划办公室编：《洪水泛滥》，昆明：云南民族出版社，1987。

云南省社会科学院楚雄彝族文化研究所：《彝文文献译丛》（总第10辑），铅印本，1992。

张公瑾：《傣族文化》，长春：吉林教育出版社，1986。

张盛文：《生态文明视野下的水文化研究》，厦门：厦门大学出版社，2012。

中国水利文学艺术协会：《中华水文化概论》，郑州：黄河水利出版社，2008。

朱琚元等译：《赊豂榷濮》，昆明：云南民族出版社，1987。

二、论文：

〔美〕乔治·马库斯（George E. Marcus）：《十五年后的多点民族志研究》，满珂译，《西北民族研究》，2011（3）。

呈文：《东汉水田模型》，《云南文物》，1977（7）。

戴波：《经济发展与生态保护的思考——橡胶种植与热带雨林》，《生态经济》，2008（8）。

刀承华：《傣泰民族创世神话中的原始观念》，《民族文学研究》，2005（3）。

董晓萍：《节水水利民俗》，《北京师范大学学报》（社会科学版），2003（5）。

段渝：《部落时代的西南夷文化与族群》，《兰州学刊》，2016（3）。

方李莉：《本土性的现代化如何实践——以景德镇传统陶瓷手工技艺传承的研究为例》，《南京艺术学院学报》（美术与设计版），2008（6）。

符海平：《生态—社会共同体——人类在人与自然和谐中的科学定位》，《牡丹江大学学报》，2010（12）。

付广华：《壮族传统水文化与当代生态文明建设》，《广西民族研究》，2010（3）。

郭家骥：《西双版纳傣族的水文化：传统与变迁——景洪市勐罕镇曼远村案例研究》，《民族研究》，2006（2）。

郭家骥：《西双版纳傣族的水信仰、水崇拜、水知识及相关用水习俗研究》，《贵州民族研究》，2009（3）。

何耀华：《彝族的自然崇拜及其特点》，《思想战线》，1982（6）。

黄龙光：《从民与俗谈对民俗主体的关注》，《云南民族大学学报》（哲学社会科学版），2008（4）。

黄龙光：《彝族民间"咪嘎哈"仪式象征解读——以峨山彝族自治县塔甸村为个案》，《长江大学学报》（社会科学版），2009（1）。

黄龙光：《民族文化传习馆：区域性大学非物质文化遗产传承新模式》，《文化遗产》，2012（1）。

黄龙光：《西部少数民族的传统生态文化》，《绿叶》，2013（8）。

黄龙光：《少数民族水文化概论》，《云南师范大学学报》（哲学社会科学版），2014（3）。

黄龙光：《彝族水神话创世与灭世母题生态叙事》，《广西师范大学学报》（哲学社会科学版），2015（6）。

黄龙光：《试论彝族水文化及其内涵》，《贵州工程应用技术学院学报》，2016
（4）。

黄龙光、白永芳：《彝族民间林木崇拜及其生态意义——以峨山彝族自治县为
例》，《西南民族大学学报》（人文社会科学版），2013（2）。

黄龙光、白永芳、玉波：《绿春哈尼族"阿倮欧滨"祭祀的生态实践——兼谈哈
尼族传统文化对生物多样性的保护》，《云南师范大学学报》（哲学社会科
学版），2011（5）。

黄龙光、杨晖：《社会变迁视域下云南少数民族传统水文化的变迁》，《学术探
索》，2016（5）。

姜颖：《试析拉祜族原始宗教与伦理道德的关系》，《思想战线》，2001（5）。

李煌明：《中庸之道与意象哲学：中国哲学的重构与诠释》，《云南师范大学学
报》（哲学社会科学版），2017（4）。

李昆声：《亚洲稻作文化的起源》，《社会科学战线》，1984（4）。

李亦园：《文化比较研究法探究》，《思与言杂志》（台湾），1976（5）。

李子贤：《关于西南少数民族文化研究的思考》，《创造》，1993（5）。

李子贤：《试论云南少数民族的洪水神话》，《思想战线》，1980（1）。

李子贤：《红河流域哈尼族神话与梯田稻作文化》，《思想战线》，1996（3）。

李宗新：《简述水文化的界定》，《北京水利》，2002（3）。

廖国强：《中国少数民族生态观对可持续发展的借鉴和启示》，《云南民族学院
学报》（哲学社会科学版），2001（9）。

廖明君：《壮族水崇拜与生殖崇拜》，《民族文学研究》，2001（1）。

麻国庆：《"公"的水与"私"的水——游牧和传统农耕蒙古族"水"的利用与
地域社会》，《开放时代》，2005（5）。

彭兆荣：《水传统与中国文化遗产的生命表达》，《百色学院学报》，2014（4）。

丘振声：《壮族水文化发微》，《民族艺术》，1998（4）。

童恩正：《略论我国西南地区的史前考古》，《四川文物》，1985（2）。

童恩正：《近年来中国西南民族地区战国秦汉时代的考古发现及其研究》，《考
古学报》，1980（4）。

万峰、麻林：《水文化特质理论方法研究》，《水利发展研究》，2011（1）。

王铭铭：《"水利社会"的类型》，《读书》，2004（11）。

王晓莉：《白族本主神话中的水神崇拜》，《中央民族大学学报》（哲学社会科学版），2002（3）。

向柏松：《南方民族水生型创世神话与民俗文化》，《民族文学研究》，2003（4）。

徐晓光：《黔东南苗族侗族水资源利用的习惯法规则研究》，《政法论丛》，2015（1）。

薛达元、郭泺：《论传统知识的概念和保护》，《生物多样性》，2009（2）。

杨冬燕：《（白马）藏族信仰习俗现状调查研究》，《西北民族研究》，2001（3）。

杨六金、王亚军：《哈尼族沟渠文化研究——以红河哀牢山区座洛村为例》，《云南社会科学》，2011（6）。

尹绍亭：《人类学的生态文明观》，《中南民族大学学报》（人文社会科学版），2013（2）。

游先启：《黔东南苗族水文化研究》，《华北水利水电大学学报》（社会科学版），2015（4）。

张亚辉：《灌溉制度与礼治精神——晋水灌溉制度的历史人类学考察》，《社会学研究》，2010（4）。

郑大俊：《水文化研究与水文化教育须双轮驱动》，《河海大学学报》（哲学社会科学版），2007（4）。

郑晓云：《红河流域少数民族的水文化与农业文明》，《云南社会科学》，2004（6）。

郑晓云：《云南少数民族的水文化与当代水环境保护》，《云南社会科学》，2006（6）。

郑晓云：《水文化的理论与前景》，《思想战线》，2013（4）。

郑晓云、皮泓漪：《人水关系变迁与可持续发展——云南大盈江畔一个傣族村的人类学考察》，《中南民族大学学报》（人文社会科学版），2012（4）。

周晓虹：《社会转型与中国社会科学的历史使命》，《南京社会科学》，2014（1）。

周永健：《苗族农业信仰民俗神灵体系考》，《求索》，2013（2）。

Benjamins. Orlove：Ecological Anthropology，*Annual Review of Anthropology*，1980（9）。